「わかりやすさ」を疑え

飯田浩司

SB新書
670

はじめに

ラジオ局ニッポン放送で、朝のニュース番組「飯田浩司のOK! Cozy up!」を担当するようになって6年半。その前に「ザ・ボイス　そこまで言うか」という夕方のニュース番組のキャスターを6年3カ月。気づけば干支一回り、12年以上ニュースに携わってきました。手探りで始めたキャスター業でしたが、曲がりなりにもここまでやってきて、自分なりの情報の集め方や見方がおぼろげながら見えてきたように思えます。

キャスターを始めて周りからよく言われたのが、「わかりやすく」という言葉。この、曖昧模糊《あいまいもこ》とした「わかりやすい」という概念に長年とらわれてきました。

「今日の解説はわかりやすかったよね」と褒められたり、「今のはわかりづらい」と批判されたりしましたが、「どの部分が?」と聞くと相手が答えに窮するパターンが数多くありました。言葉遣いが「わかりづらい」のか、解説の切り口全体が「わかりづらい」のか、はたまたニュースそのものの構図が「わかりづらい」のか。ざっくりこの3パターンでも、それぞれ対処方法は変わってくるはずです。言葉遣いが問題ならば、平易な表現に言い換えればいい。解説の切り口が問題なら、なぜこの切り口を採用したのかを説明すればいい。構図が問題なら、その説明に時間をかければいい。

問題なのは、世の中の出来事を「わかりやすく」するために説明を端折って単純化したり、対立構造を作り出したり、事実とは異なる形で受け手の感情に訴えかけるような報じ方をしたりすることにあります。そうした情報は、わかりやすいかもしれませんが、必ずしも真実であるとは限りません。そして、こうした土壌はフェイクニュースや陰謀論が広まりやすい一因でもあります。

この、「わかりやすさ」至上主義が行きつく先は、白黒はっきりつけたがる社会。敵か味方かの二元論で理解しようとする社会です。それは、自分とは異なる意見を排除する「不寛容」な日本社会になりはしないでしょうか。

本書では、ひとつひとつのニュースに対して私が感じたことを記しています。衝撃的なニュースで感情が波立った時に、一歩立ち止まって情報を収集し、判断し直す参考になれば幸いです。

「過ちては改むるに憚《はばか》ること勿れ」

本書はある意味、私が過ち、改めまくった体験談を恥も外聞もなく白日のもとに晒《さら》すという懺悔《ざんげ》の書なのかもしれません。でも、「人の振り見て我が振り直せ」でいいのです。フェイクニュースやあえて誤解を誘うようなニュースが多い中、本書を手に取ってくださったあなたと一緒に考えていければと思います。

目次

「わかりやすさ」を疑え

序章

「わかりやすさ」を疑え

東京都知事選挙で明るみに出た数々の大問題

2024年の初夏、7月7日に投開票が行われた都知事選。
その選挙戦を巡っては、政策論争のみならず様々な問題が浮き彫りになりました。

候補者ポスターを巡るNHK党の「転売」と、それによって貼り出された様々なポスターの表現の自由をどう取り扱うかという問題、有権者との距離の近さと警備を巡る問題、政策的な論点の一つになっていた神宮外苑を巡る問題も、実は日本国憲法の問題といってもいいものでした。

そのひとつひとつは、本来選挙戦とは別に議論しなければいけないほど重要な論点でしたが、ポイントが多過ぎた結果、かえって議論が収斂《しゅうれん》せずに終わったようにも思えます。

候補者の迷惑ポスターは単に「不快」と切り捨てられない

候補者ポスターの問題は、そもそもNHK党が今回の選挙で、一定の金額を寄付すれば、都内約1万4000カ所にあるポスター掲示板のうち1カ所で、寄付者が独自に作成したポスターを最大24枚貼れるという活動を行ったことに端を発します。

そもそもこのように掲示板の枠をあたかも広告枠のように「転売」しても違反にならな

いのかといえば、都知事選時点では規制する法がありませんので合法と言わざるを得ません。

ただ、NHK党の24人の候補者の立候補に必要な供託金は一人あたり300万円×24人で7200万円に達します。

何者かによって破られたNHK党の東京都知事選選挙ポスター　写真：時事通信フォト

告示直後の段階で集まった寄付金額は1000万円程度との報道もあり、どうやら利益を出すには至らなかったようです。

それでも、この〝制度〟は大いに話題になりました。

これを利用して掲示されたポスターの中には、女性のほぼ全裸の写真を用いたものがあり「表現の自由」を訴えていましたが、告示日から東京都選挙管理委員会には苦情や意見の電話が殺到。その数は告示翌日までで1000件を超えたとのことで、SNS上でも大きな話題になりました。

そこで警視庁はこのポスターを掲示板に貼った候補者

に対し、都の迷惑防止条例違反にあたるとして、警告を行いました。

そして、翌日にはこのポスターを撤去するに至ったわけです。

掲出したポスターの内容が耳目を惹くものでしたし、愉快犯的な「売名」目的だとしてワイドショー的な「ネタ」として消費されていった話題でしたが、これは民主主義の根幹を揺さぶる「事件」であったと私は思いました。

というのも、東京都迷惑防止条例の第5条には「公共の場所で、正当な理由がないのに人を著しく羞恥させたり、人に不安を覚えさせたりするような『卑わいな言動』に及ぶことは禁止」という主旨の記述があり、専門家によれば、今回の警視庁による「警告」は、これに該当するとのことですが、**本来これはこの条例と選挙における表現の自由とのせめぎ合い、また公権力の介入をどう判断すべきなのか、一大論争を巻き起こすような事態のはずだからです。**

まず、今回はNHK党によるポスター掲示枠の転売〝制度〟によって貼り出されたものですから、これを候補者の主張と言えるのかといえばクエスチョンマークがつきます。

また、警察による「警告」に候補者が従うことによって「自発的に」撤去されたとすると、これは介入と見るべきかどうかも判断が分かれるところです。

ネットやワイドショーのコメンテーターに散見された感情論では、「子どもの目に触れるではないか！　教育的に問題だ！」という声がありましたが、表現の自由は常にこうした「教育的配慮」と戦ってきた歴史があります。「教育的配慮」もまさに自由なのですが、それを根拠に公権力の介入を許すとなると話が変わってきます。

いかに感情的に「けしからん」と思うことであっても、事前に法によって禁じられていないことを取り締まるのは法治主義からかけ離れてしまいますし、基本的人権、法の下の平等を謳《うた》った日本国憲法に反し、立憲主義（憲法の力で権力を制限しようとする思想）とは言えません。

今回のポスターも、一足飛びに公権力の介入、そして撤去となったのは行き過ぎだという議論がリベラルの側から出てもおかしくないのですが、自民から立民、共産党に至るまで「選挙後に法律を改正して規制すべきだ」という議論ばかりになっていたことには違和感を覚えました。

もちろん、節度のある選挙戦であることはとても重要なのですが、掲出するポスターを内容で審査するということになれば、運用によっては選挙の事前審査になりかねない重いテーマです。

人目に触れるのが不快だというだけの理由で内容の規制を許すのは、議論を制約することになりかねません。もし、今回の被写体が候補者であったのなら、その表現は認めた上で選挙結果でもって審判を下す以外に方法はないのではないかと思います。どんな陰謀論を主張する候補であっても、それを主張する候補者の言論の自由を担保しないことには民主主義社会は維持されないのではないでしょうか。

法改正の際に、もし公序良俗（社会における一般的な秩序や道徳観念）に反する内容を規制するようなものになるのであれば、どういったものが公序良俗に反することになるのか、公権力の恣意《しい》的な行使に繋がる可能性を議論する必要があります。私は、「候補者本人の写真以外は使えない」ぐらいしか規制できないのではないかと思います。

私自身も小学生の子を持つ親ですから、ほぼ裸の女性の写真には眉をひそめるしかありませんが、こうした表現も含めて選挙においては自由を認めることが我々の社会の大切な価値観なのだと教える機会とするしかありません。

大切なのは、感情論で批判をし、一足飛びに法改正まで持っていくのではなく、一呼吸置いてその影響まで考える必要があるということです。メディアは売るためにセンセーショナルな方向に走りがちですし、SNS界隈は感情で暴走しがちです。いずれも、その主張が成就した暁《あかつき》に起こり得る不具合に対して責任を取ろうとはしません。結果として起こってしまった不具合、この議論においては不自由な選挙が出現してしまった場合にそのデメリットを引き受けるのは我々の社会そのものです。

では、どうしたらいいのか。

私は、**この社会にはそれぞれの現場で頑張っている方々が多くいらっしゃることが希望になるのではないかと思っています。**私は朝のラジオのニュース番組でキャスターをしていますが、それぞれの現場でその分野に精通する専門の方々にいつも助けられています。物流の働き方改革の際にはトラックドライバーさんや物流倉庫で働く人たち、航空事故では現場の管制官や空港で働く警備員の皆さん、様々な現場にいるリスナーさんたちが知見をメールやX（旧Twitter）で知らせてくれました。現場の人たちは、現状を変えた時のメリットもデメリットもある程度予測がつくものですが、その声が政策を決定する人々や一般大衆になかなか繋げられません。何らかの方法で現場の声を聴くことができれば、感情論に任せて一方的な意思決定をすることなく、一呼吸置くことが可能になるのではないでしょうか。メディアがそうした現場の声をリレーする役割を果たせればいいのですが、**ま**

ずは受け手の側が一呼吸置く習慣を持って、感情に釣られることがなければ、自然と感情論に頼るメディアが淘汰されていきます。

対立候補の主張はすべて「悪」

また、**原理原則に立ち返ることも大事**で、例に挙げた選挙で言えばやはり、表現の自由や言論の自由をどう担保するかということに尽きるわけです。

その意味で、2番目の論点に挙げた警備を巡る問題も看過できません。あるジャーナリストが、小池百合子陣営の警備の厳しさを見て「市民を信用していない証拠だ！　何をビビっているのだ！」という主張を展開していました。そうした主張をすることそのものはまさに自由ですから、「どうぞご勝手に」ということですが、中身に関しては問題だらけです。

昨今、選挙における言論の自由が脅かされる事件が相次ぎました。2022年の参議院選挙では奈良県の大和西大寺駅前で演説中の安倍元首相が銃撃・暗殺され、翌年の補選でも和歌山市内で岸田首相に対する爆弾テロ事件が起こりました。

暴力によって演説を妨害するというのは、選挙における言論の自由を踏みにじる許しがたい重大な行為です。49ページで取り上げますが、２０２４年の衆院東京15区補選でも選挙妨害事件などがあり、どうやって候補者の言論の自由を守るのか、そのためにどういった警備が適切なのか、暴力による妨害を防ぐためには警備を強化せざるを得ないのではないか、といったことが議論されました。

小池百合子都知事の選挙運動で、厳重警備を行う警察官たち
写真：AFP＝時事

しかし、候補者としては有権者と直接対話をしたい。握手をしたい。警備サイドが考える安全と候補者サイドが考える選挙戦略の狭間で、金属探知機を導入して安全なエリアを作り出すゾーニングの実施やＳＰの見回りを強化することなどで対応するようになりました。

こうした一連の経緯をまったく無視して現象だけを捉え、「小池はビビっている」「都民を信用していない」とは、何たる暴言でしょうか。いかに対立候補であるとはいえ、言論の自由と安全とのバランスをとろうとしたギリギリの判断に対してあまりに配慮に欠けた発言なのではないでしょうか。

対立候補の言動に関しては、事程左様に何から何まで否定するような言説がまかり通るところがあります。政治的主張の右左を問わず、こうした傾向が強まっているような気がしてならないのですが、本来政治とは利害が対立する多様な意見を調整しながら落としどころを探っていくのが仕事です。

主義主張だけを常に言い募って一切妥協しないというのであれば、それはもはや政治ではなく活動です。政治を志すのであれば、この清濁《せいだく》併せ吞む度量や反対意見もその存在を認めるだけの度量が必要なのではないかと思うのですが、どうも全否定したがる衝動を抑えられない方々が散見されます。これも、本来はメディアが多様な意見を提示した上で考えることのできる議論の場を提供しなければいけないのですが、メディアはむしろ一方の意見に完全に同調することで売り上げを伸ばそうとする場合があるので、残念ながら100%信頼に足るものではないと認めなくてはいけません。

やはりこれも受け手の側の度量が求められるところ。ことの経緯を少し調べることができれば、なぜ違和感のある現象が起こっているのかがわかってきます。本章で挙げた事例で言えば、なぜ小池氏の周りで金属探知機まで使って演説を聞く聴衆を事前にチェックしなければならなくなっているのか？　それは候補者や陣営が求めたことなのか？「一呼

吸」置くことで周辺まで見えてくることがあります。

「神宮外苑再開発は歴史・文化の破壊」なのか

さらに、都知事選の争点の一つとされた明治神宮外苑の再開発問題も、その背景をしっかりと見ていくと別の側面が見えてきます。**一見すると、外苑の緑を再開発によって潰してしまうことになるので、それに反対するという構図に見えますが、実際の計画では一部移植なども使いながら全体としては増える**ということはあまり知られていません。

また、そもそもこの土地は宗教団体である明治神宮の持ち物であり、事業主体は明治神宮と伊藤忠商事、三井不動産という民間セクターです。明治神宮球場や第二球場、軟式野球場、室内練習場、秩父宮ラグビー場に聖徳記念絵画館前の広い芝生広場などなど、一見すると公共施設、公園設備が広がっているので気づきませんが、あの広大な神宮外苑は言ってみれば広大な私有地であり、そこにある施設をリーズナブルに使っていたに過ぎないのです。

「歴史ある公園を潰すな！」という主張も見られましたが、まさにその歴史の部分が重荷にもなっていて、神宮球場や秩父宮ラグビー場は老朽化のせいで耐震設備が現代の基準には追いつかず、もしこのまま使用するのなら大規模な改修は避けられないものでした。そして、その場合の費用は、私有地に建つ建造物ですから所有者の自己負担ということになります。事実、今回の再整備計画でも都からの公のお金は、公園整備にかかる補助金が一部入るだけで、基本的には事業主体の民間セクターが負担します。

図1　明治神宮外苑・国立競技場周辺
現在と開発後

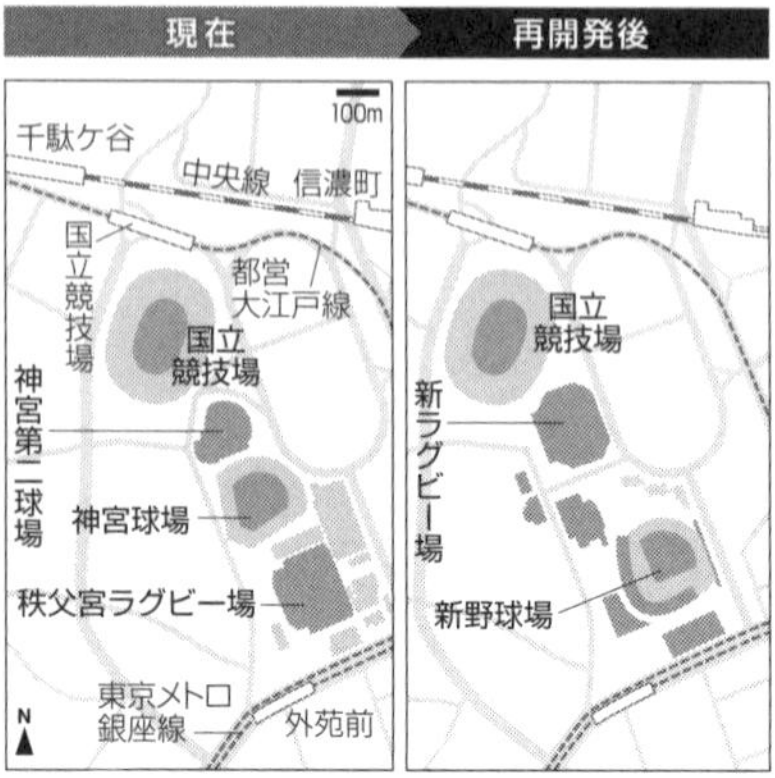

出典：共同

　さらに、明治神宮は原宿の駅前に広大な森を抱える内苑を持っています。我々が「明治神宮」と聞いてイメージする、あの社殿とそこに至る参道や森ですね。これは、「100年の森」ともいわれ、創建時に日本中から樹木を厳選して100年経ってもしっかりと維持されるよう計算して植林したものだと言われています。もちろん、ほったらかしで100年持つわけではありませんから、毎年相当な額の維持費用がかかっていると言われます。これは、公のお金は一切入らず明治神宮の自己負担となっています。というのも、明

図2　明治神宮と神宮外苑

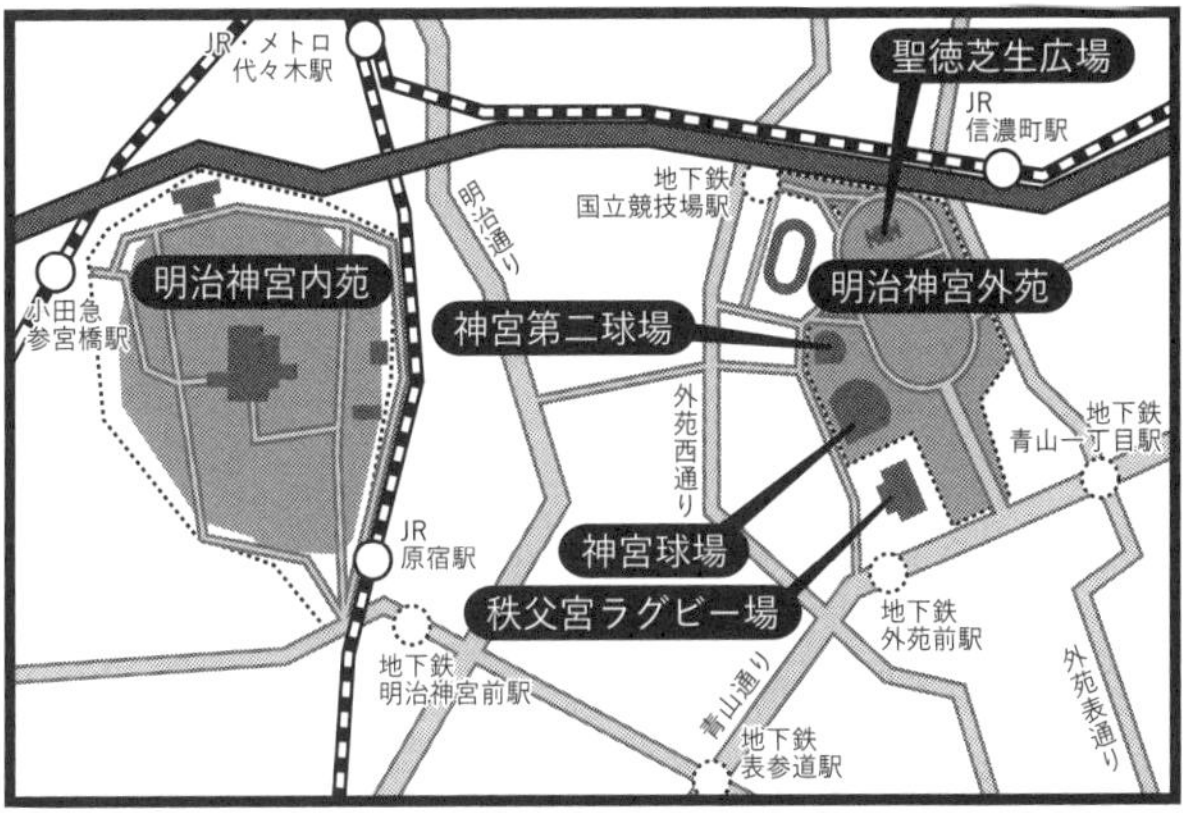

治神宮は宗教団体です。宗教団体の私有地の維持に公金を入れてしまうと、これは日本国憲法の定めた政教分離に反することになり、違憲を疑われかねないのです。日本一の初詣参拝者数を誇る明治神宮ですから賽銭《さいせん》などの収入も相当な額だろうと思われますが、それもあの森の維持を考えると微々たるもの。明治神宮の収入は信濃町駅近くの明治記念館の事業収入と、球場、ラグビー場の使用料などで賄っているそうです。

　要素がそろってきました。まず、明治神宮としては内苑を支えるための事業収入が何よりも必要となります。そのために、明治記念館や神宮球場、ラグビー場などを運営してきましたが、経年劣化によりこれらの施設における今後の方向性を決めなくてはならなくなりました。

すなわち、**既存の施設を耐震補強などして現代の基準に合うように改修するか、取り壊した上で新たに施設を作る再開発をするかの二択です。**

改修するにせよ再開発するにせよ、工事期間中にも内苑の維持費は変わらず発生するわけですから、事業を一旦中断して工事を行うことはできません。一定期間、収入をゼロにしてでも工事をするということは許されないのです。各々のスポーツイベントを切れ目なく行いつつ工事をするためには、改修ではなく再開発とせざるを得ない。再開発となると順々に新施設を建てつつ、旧施設も並行で運営し、新施設が完成したのち旧施設を取り壊し、そこに別の新施設を建てるというタイムラインを計画することになります。まず第二球場を取り壊し、その跡地に新ラグビー場を建て、それが建ったら旧ラグビー場を取り壊してそこに新球場を作る。新球場ができたところで旧球場を取り壊して新たに緑地公園として整備する。こうすれば、社会人ラグビー・大学ラグビー・高校ラグビーも、プロ野球・大学野球・高校野球も予定通りに開催できて使用料収入を維持しながら、再開発を進めることができます。

ただし、これは外苑に大きな収入部門を持つ明治神宮だからこそできる計画であって、たとえば世界文化遺産の下鴨神社（京都府）は遷宮と糺《ただす》の森の整備を寄付で賄おうとしましたが叶わず、資金捻出のために敷地の一部をマンション建設のために貸し出すこととし、その賃料収入で賄うことになりました。このように、京都の有名神社であってもその台所事情は苦しいのです。とはいえ、公的資金は前述の憲法上の問題で入れられません。

「神宮外苑の緑を潰すな！」との主張をする人々の中には、「都市の緑よりも開発を優先するとは許せん！」と感情に動かされて賛同する人たちが一定程度はいることでしょう。ただ、そうして計画を一旦停止させたところで問題が解決するわけではありません。公的資金を入れられるように仕組みを変えるか憲法を変えるか、あるいは神宮内苑を事業収入で維持できる範囲まで縮小するか、あるいはマンションを建てるなどして新たな事業収入を確保するのかという再開発に代わる具体的な対応策を議論しなくては当事者は窮してしまいます。民間の事業に都が待ったをかけるとなると、得べかりし利益について都に対し損害賠償請求訴訟が起こされても文句を言うことはできません。その賠償も税金で賄うわけですから、そのコストも俎上《そじょう》に上げて議論しなくては、本来フェアではありません。

感情に流された判断の落とし穴

感情に任せて判断するのではなく、そこに至る背景まで理解することができればおのずと当初の結論から変化することがあります。その時に、変化を恐れず根拠を以て自説を変えることができるのか？ これも、メディアが背景も含めて丁寧に説明すれば良かったわけですが、やはり時間の関係や長々説明しても数字が取れない、売れないというところから、感情に訴えかけるような構成にしてしまいがちです。一歩立ち止まって情報を収集するだけでも違う世界が見えてきます。

当初受けたイメージと、少し調べてみただけでわかってくる実態がずいぶんと違うというのはよくあることです。 この章で取り上げた東京都知事選のように連日ワイドショーで特集され、新聞紙面を大きく占めたニュースであっても、個々の政策を吟味していくのではなく、なんとなくのイメージばかりが先行してしまいがちです。ましてや、地理的に遠い海外のニュースや地方のニュース、心理的に距離があると感じる人の多い経済や安全保障にかかわるニュース、それに時間的に遠い過去の大ニュースのその後についてなどは、より見出しのイメージに引っ張られたまま固定化されてしまう面が大きいのでしょう。

東京で報じられているイメージを持って現地に行ってみるとまったく違ったという話な

ども、こうしたイメージ先行のニュース報道の典型例と言えるのかもしれません。いずれにせよ、ニュースというものが世の中からなくならない限り、感情に流されたり見出しのイメージに引っ張られたりすることはなくならないのでしょう。

もちろん、こうして健全に批判をし、議論ができる環境こそが言論の自由そのものです。ニュースのない世界、あるいはニュースの解釈・見出しのつけ方に一切の自由がない世界であってはいけません。その意味では、**感情に訴えかけるようなニュース、見出しで釣るようなニュース、イメージが先行するニュースの存在がなくなればいいというのではなく、そんなニュースがあることを見つけ、批判し、議論する行為そのものがとても重要です。**それがまさに民主主義を守る営みなのでしょう。

ここから先に書いていくのは、そのいくつかの具体例に過ぎません。類題は日々のニュースの中からいくらでも取り出すことが可能です。では、参りましょう。

第1章

「見出し」で歪められる科学的根拠

米韓よりも圧倒的に「偽情報」に騙されやすい日本人

2024年3月末、読売新聞が行ったあるアンケート調査に関する記事が出ました。デジタル空間の情報との向き合い方を調べるため日米韓3カ国を対象に行ったアンケート調査の結果、**米韓と比較して日本は情報の事実確認をしない人が多く、ネットの仕組みに関する知識が乏しい**ことがわかりました。

フェイクニュース、偽情報に対する騙されやすさの一つの指標として、情報に接した際、「一次ソース（情報源）を調べる」と回答した人が、アメリカ73％、韓国57％に対して、日本は圧倒的に低く、41％に過ぎませんでした。

たしかに、メディアの見出しに脊髄《せきずい》反射して感情を爆発させた結果、炎上に至るケースが散見されます。

それ以外にも、最初に見た見出しの第一印象がそのまま残り続けるケースも多くあります。

「福島産農産物はいまだに汚染されている」という大誤解

前著『「反権力」は正義ですか』でも詳しく触れた福島の「放射能汚染」イメージなど

もまさにその一つ。

当時の農林水産業の現場の皆さんや県・農協・漁協といった行政・団体の皆さんの努力については前著で詳しく取材しご紹介しましたので、ここでは簡単に触れることとします。震災当初、事故による福島産の農林水産物の汚染が心配され、出荷停止を余儀なくされた時期がありました。

その後、除染の進行、土壌の改善と並行して、調査の徹底など現場の涙ぐましい努力によってデータで安全を示すスキームを確立。調査の徹底に関しては、科学的根拠に基づくモニタリング調査を実施し、基準値を下回ったものしか市場に流通しないようにしました。万が一基準値を上回った場合は当該農場・漁船から出されたもののみならず、その産地の農林水産品すべてを出荷停止にするという非常に厳しい仕組みを作りました。また、主力農産品の一つであるコメに関しては全量全袋検査といって、福島の田んぼで収穫したコメに関しては出荷の有無にかかわらず、自宅で消費する分も含めたすべてを検査して基準値未満であることを確認。その基準値も国際標準や国の基準をはるかに下回るより厳しい条件を課し、それをクリアしたコメしか人の口に入らないようにしたのでした。

さらに、調べて終わるのではなく、それをほぼリアルタイムに近い形で「ふくしまの恵み」というホームページ上に掲載。農林水産物名やロット番号、産地などを入力すれば、今目の前にしている農林水産物のデータを見ることが可能となっています。

ちなみに、13年経った現在はこのページを開いて数値を見ても「N／A」と出ているものがほとんど。これは「検出限界値未満」ということです。

人員もコストもかけ、どうしてここまでやるのか？　関係者に聞くと口々に、「我々は数字の『安全』を見せることしかできない。それを見てもらって、消費者に判断してもらいたいから」と言っていました。

こうした一連のプロセスについては、私の番組では何度もご紹介しています。「もう何度も聞いたよ、知ってるよ」というリスナーの方々の声があるのを承知の上で、それでも繰り返し取り上げるのにはわけがあります。

すでに東日本大震災と福島第一原発事故から13年の月日が経過しているというのに、まだまだ「福島の土壌や農林水産物は事故で放出した放射性物質の影響があるのではないか」という当時のイメージを引きずっている人が一定程度存在するからです。そして、何か福島第一原発や福島県に対するネガティブなニュース（処理水の海洋放出にまつわる不具合や海産物のモニタリング調査で稀に出現する基準値を超えた魚、震災・原発事故の前と比較するとまだまだ戻り切らない人口や手つかずのまま残る家屋の存在など）があるとこれが顕在化します。

データでもそれが証明されています。

三菱総合研究所が福島県の復興状況や放射線の健康影響に対する東京都民と福島県民の意識や関心・理解などに着目したアンケート調査を定期的に行っています。

２０１７年、２０１９年、２０２０年、２０２１年、２０２２年に続き、２０２３年９月に実施。本書執筆時点での最新のデータはこの２０２３年9月のアンケートということになります。では、震災・原発事故から12年、どこまで正しい理解が進んだのでしょうか？

まず、大前提として本章では一次ソースを見ることの重要性を書いていますので、ご興味とお時間がある方はぜひ三菱総研の元データをご覧いただくことをお勧めします（『震災・復興についての東京都民と福島県民の意識の比較――第6回調査結果の報告（２０２３年実施）――』）。

その上で、福島県産食品についての意識調査を見てみましょう。福島県産の食品を、他県産と比較して品質や値段に変わりがなければ食べる（あるいは勧める）か否かについて尋ねた設問で、「自分が食べる」ケースでは、「積極的に食べる／勧める」という回答と「福島県産かどうかは気にしない」という回答の合計は、福島で92・6％（32・6＋60・0）。一方、東京では84・1％（15・5＋68・6）でした。「放射線が気になるのでためらう」という回答は、福島が7・4％、東京が15・9％と、双方ともに2割を下回りましたが、東京は福島の2倍ほどの水準でした。この東京の数字、アンケート調査が始まった2017年には26・3％の人が「放射線が気になるのでためらう」と答えていました。現状でも東京は福島の2倍といえど、徐々にではありますが理解が進んできていることがわかります。

たった一つの見出しで歪められる「科学的根拠」

ただ、**ニュース一つでこの数字がブレる**こともまた、回数を重ねることでわかってきています。過去5回も含めて6回分の数字を並べてみると、「放射線が気になるのでためらう」という回答は前述の第1回、2017年の26・3％から回を追うごとに減ってきましたが、2021年だけ20・7％と前回比で3ポイントほど上昇しています。2021年に何があったのかというと、福島第一原発で溜まりゆく処理水の海洋放出が決定された年で

図3　福島県産食品に対する福島県内、東京都内での意識

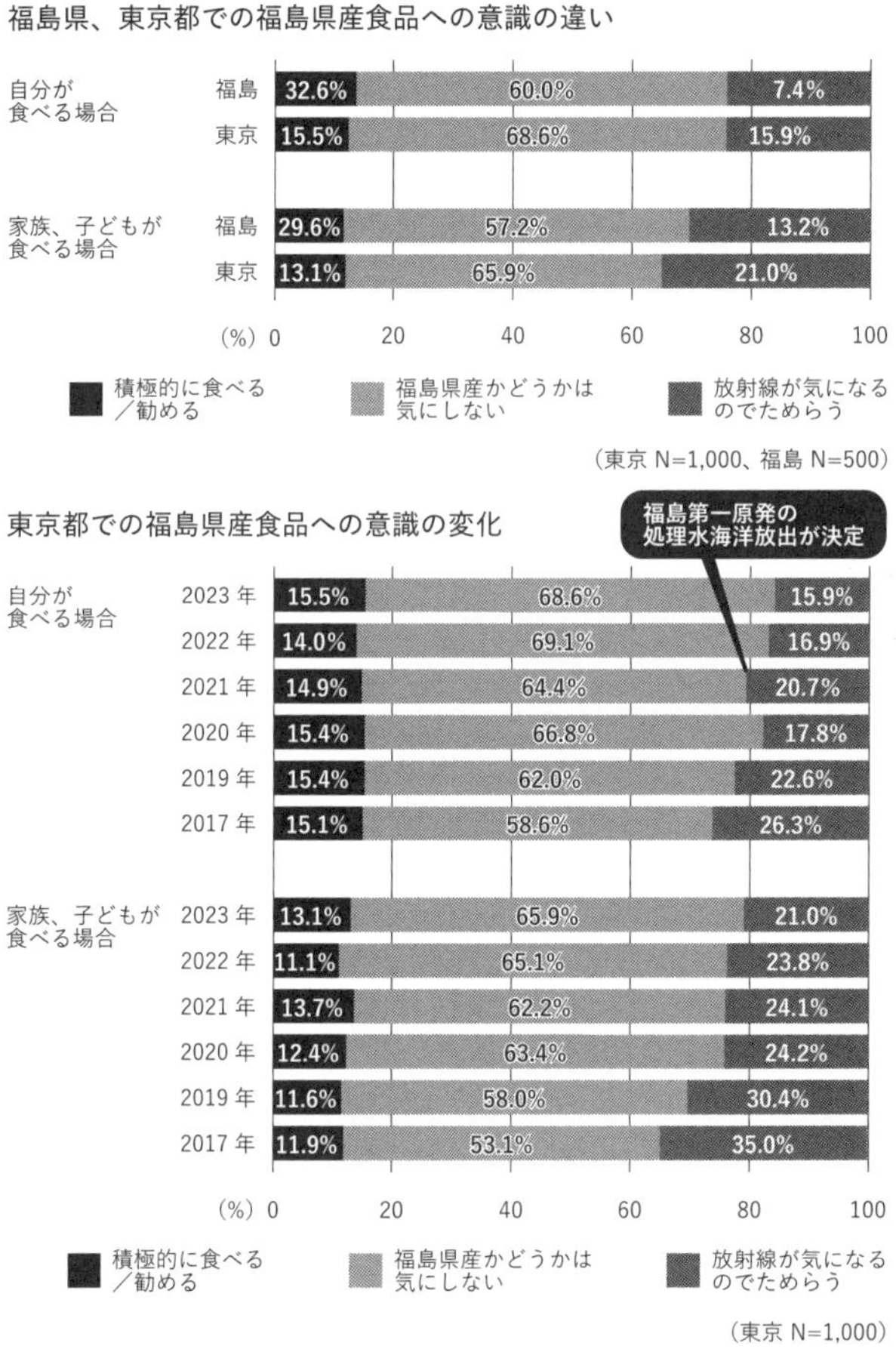

三菱総合研究所　震災・復興についての 東京都民と福島県民の意識の比較 —— 第6回調査結果の報告（2023年実施）—— を基に SB クリエイティブが作成

す。4月13日、時の菅義偉首相は関係閣僚会議を開き、「処理水の処分は、福島第一原発の廃炉を進めるにあたって、避けては通れない課題だ。基準をはるかに上回る安全性を確保し、政府を挙げて風評対策の徹底をすることを前提に、海洋放出が現実的と判断した」と述べ、多核種除去装置（ＡＬＰＳ）を通して大半の放射性物質を除去し、それでも取り切れないトリチウムに関しては海水で希釈して海に放出することを決定しました。トリチウム水の海洋放出は世界中の原子力発電所や再処理施設などの原子力関連施設で当たり前に行われていることで、専門家は「処理水を施設内に溜めておくのは意味がない上、いずれ場所が足りなくなって行き詰まる。だからこそ、早く放出を決めた方が良い」と繰り返し提言していました。

しかし、世論やメディアの批判を恐れて安倍政権でも決断できずにいたのです。ようやく菅政権下で政府としての決定がなされましたが、案の定そこから、特に政権に批判的なメディアを中心に大批判が巻き起こります。

まず、**処理水ではなく「汚染水」と書き、それが事実と異なるではないかと批判されると、今度は「処理済みの汚染水」などという表現を用いて「汚染」という言葉を残し、異常な水を海に向かって垂れ流すかのようなイメージの報道に終始しました。**日本語メディアのみならず、各社の英字版メディアでも「Fukushima Water」などと見出しを打ちました。

これでは、福島の水すべてが汚染されていると誤解されてしまうおそれがあります。国内のみならず海外にも、汚染された水を海洋に垂れ流すかのようなイメージを作り出し、実際に中国や韓国は「一方的な核汚染水の海洋放出に断固反対する」といった声明を出しています。

こうした報道に影響された部分もあったのでしょうか？　前述した三菱総研のアンケート調査では東京在住の方が福島県産食品について「放射線が気になるのでためらう」という回答の割合が2021年だけ上がっていました。

ただ、2021年4月13日に処理水の海洋放出が発表された直後、IAEA（国際原子力機関）はALPS処理水の海洋放出に関して安全面についてのレビューを通じた支援を行うことに同意し、レビューについて議論するタスクフォース（専門の部門・チーム）を結成しました。

その後、多国籍の原子力専門家によるレビューチームを日本に派遣。ALPS処理水の海洋放出の現場や経済産業省、原子力規制委員会などを調査し、5次にわたる報告書を作成。そして、海洋放出前にはＩＡＥＡ包括報告書を作成しました。海洋放出が開始されたあともＩＡＥＡの専門家が安全性への取り組みを継続してモニタリング（数値を監視）しています。

ちなみに、ＩＡＥＡの調査チームには中国人や韓国人の原子力専門家も名を連ねています。ＩＡＥＡ加盟国なのですから当たり前ですが、自国を代表して専門家がミッションに参加し、そこで科学的に問題ないと結論づけているにもかかわらず、福島第一原発の「汚染水」が世界中の海を汚し、自国民の健康被害も懸念されるといった科学的に根拠の怪しい批判をよくできるものだと思います。もちろん、科学的云々《うんぬん》よりも外交的・国際政治的な駆け引きの方が優先されるということなのでしょうが。

IAEAによるサンプリングした海洋生物の視察　写真：時事

事程左様に、科学的に根拠を示し、自国や当事者である東電のみならず国際機関の協力を得ながら処理水の海洋放出の妥当性を説明してきたことで、国内の報道姿勢もずいぶんと変化し、2023年夏に実際に海洋放出が始まった際には「放射線が気になるのでためらう」との回答が15%台にまで減ることとなりました。中・韓、特に中国が日本産海産物の輸入停止などといった常軌《じょうき》を逸するような激烈な対抗手段に出たことで、却《かえ》って日本国内ではそこまでする根拠を求める気運が高まりました。その結果、放出の妥当性が再認識されたというのは皮肉なことです。しかし、この件に関しては政府の国内外に向けた情報提供や国際的な情報発信、間違った情報を即座に正す偽情報対策などのリスクコミュニケーション（社会リスクに関する正確な情報を、多様な関係者間で共有し、相互理解を深めること）を褒めるべきでしょう。

他方で、**この処理水を「汚染水」などと呼称し続け、福島の人々のみならず漁業に携わる他地域の方々までも含めて傷つけ続けて恥じない一部メディアは一体何を報じようとしているのでしょうか？**

「テレビ・新聞で言われていたから」本当なのか

政府や東京電力といった大企業を叩いていれば大衆の味方であるというポーズを取れた時代はとっくに過ぎ去っています。福島第一原発の事故を引き起こした東電の責任を追及し、原子力政策を進めた政府に安全性の担保を怠ったのではないかと追及することは一つの見識であろうと思いますが、それと根拠薄弱な「汚染水」呼ばわりや福島県産農水産物を根拠なく忌避し中傷することは決してイコールではありません。**メディアは、「フクシマの人＝可哀そうな存在」「政府・東電＝傲岸不遜《ごうがんふそん》な存在」という図式を13年間求め続けてきたのではないでしょうか？**

当初はこうした図式で説明することもできたかもしれません。しかし、東電に勤めている方々の中にも福島が地元という方が大勢いらっしゃいます。東電も福島復興本社を設置し、徐々に地元の人々のニーズを聞くようになってきました。放出前の一次処理水タンクが敷地を埋めているので徐々にではありますが、プラント内の整理をしてデブリ（溶けた燃料などが冷えて固まったもの）取り出しに向けた準備も進んできました。除染も進み、周辺町村のインフラも整い始め、震災前と比べれば微々たるものかもしれませんが浜通り（福島県東部の太平洋沿岸地域）の町村にも人が戻ってきつつあります。

こうして福島の人々が自力で立ち直り、経済活動を活性化し、地元を復興させていくことは、この図式上の「可哀そうな存在」から乖離《かいり》していくことになります。そうすると、存在しない「可哀そうな存在」を求めて無理矢理、除染土を一時保管するフレコンバッグ

（粉末などを保管・運搬する際に使用する袋状の包材）越しに映した写真を撮ったり、地元の人に「困っている」と言わせるようにインタビューを誘導したりします。取材者側が求めるコメントが出てくるまで、記者から同じような質問をされ続けられたと言う人もいました。

この処理水を「汚染水」と呼んで福島全体を貶《おとし》めるような〈マスコミ、あるいは中国による〉情報発信は、偽情報の拡散を含む典型的な情報操作です。これに対抗するため、外務省の公式サイトの中に「偽情報の拡散を含む、情報操作への対応」というページができました。

ここでは外国による情報操作とは、〈国家及び非国家主体が、日本の政策に対する信頼を損なわせる、あるいは、民主的プロセスや国際協力を阻害するといった目的のために、偽情報やナラティブを意図的に流布するもの〉と定義されています。そして、これに対応するためには、〈情報の受け手、メディア、シンクタンク、NGOなどの情報リテラシー向上を含めた社会全体のレジリエンス（強靱性）が極めて重要です〉とし、ALPS処理水については、〈事実とは異なる偽情報を拡散する試みが見られたことから、問題となった偽情報を否定する報道発表を発出するなどの対応をとりました〉と、一連の対応を振り返りました。

ここで情報操作を定義し、さらにその対応の具体的なプレーヤーの一つとしてメディアが名指しされていることには、メディアの中にいる人間として、私自身も責任を感じます。**今まで、「議論を呼びそうだ」「批判を呼びそうだ」というような仄《ほの》めかし構文で、ともすれば「情報の受け手」である読者・視聴者・聴取者の受け取り方に責任を押しつけてきたメディア。しかし、情報の出し手側にも当然、責任があるんですよと念を押されたようなもの**ですから。

これ自体はいかにも政府が作るページで、行政文書をそのままコピーしたような体裁なのですが、中身はズラッと参考資料やソースを並べてあって見た目以上に有用です。何よりも、迷った際に依拠する一次ソースにすぐにアクセスできれば、脊髄反射的に偽情報に踊らされることもなくなります。現在ここには、海外事例や各国の報告書へのリンクの他、G7その他国際的な取り組み、そして国内の事例としてALPS処理水に関することが盛り込まれています。願わくば、国内事例を増やし、タイムリーに上げることによって偽情報への対策強化をしてもらいたいものです。

というのも、このページにもあるように**偽情報対策は情報リテラシーを含む社会全体の**

レジリエンス（強靱性）を向上させることが重要です。以前、アメリカ国務省の偽情報対策チームと情報交換をした際、先方が強調していたのは、Fact based information（事実に基づく情報）をどのように届けるかということ。国務省報道官などによる開かれた記者会見で随時事実を確認できるようにするなど、一次情報を確認するツールを整備することの重要性でした。このホームページを充実させていけば、その一助になるでしょう。

ただ、日米で比較すると**日本はメディアに対する信頼感が相対的に高い**のが特徴であるとも指摘していました。

たしかに、総務省情報通信政策研究所が2023年6月に出している『令和4年度情報通信メディアの利用時間と情報行動に関する調査報告書』によれば、新聞・テレビへの信頼度は全年代で見ると約61％。一方アメリカは、2023年9月にギャラップ社が行った調査によると新聞・テレビといったマス・メディアの信頼度は32％で、日本のほぼ半分でした。

この結果は本章冒頭の読売新聞の調査の裏返しで、マス・メディアへの信頼感が高いだけに、「新聞に書いてあったから」と一次ソースを気にせずにニュースを信じてしまうのかもしれません。

ただ、これからの時代、福島の処理水を巡る偽情報のように外国による情報操作に国内メディアも易々と乗っかってしまうと、信頼度が高いだけにそれを信じこむ人たちも増えてしまう。結果として、偽情報が浸透しやすい、情報操作しやすい国になってしまいます。

処理水の海洋放出に関しての偽情報による情報操作は外務省によるカウンターで食い止めることができましたが、偽情報流布の目的の一つが「民主的プロセスの阻害」である以上、継続して注意が必要です。

悲惨な境遇で育ったから、首相暗殺も仕方なかった？

さて、ここまで偽情報について見てきました。偽情報流布の目的の一つが「民主的プロセスの阻害」と定義されていましたが、「民主的プロセス」は偽情報以外でも阻害されうることが、ここ数年で明らかになってきました。

民主主義の根幹といえば選挙ですが、看過できない出来事が数多くありました。一つは、2022年の参議院選挙における安倍元首相の暗殺事件です。2022年7月8日、参議院選挙投票日まであと2日となった金曜日、奈良県奈良市の近鉄大和西大寺駅前で演説中の安倍晋三元内閣総理大臣が銃撃され、懸命な蘇生措置もむなしく、搬送先の病院で死亡しました。自作の銃で襲った山上徹也被告は殺人や銃刀法違反容疑で起訴され、公判は今も続いています。

そもそも選挙の際に政治家の口を塞ぐような暴力そのものを許してはなりません。言論の自由は民主主義の原点の一つであるはずです。それを踏みにじる行為については、故人の政治信条に対する賛否は別にして糾弾しなくては、その刃は次の誰かを探してまた振るわれることになってしまいます。

ところが、そうした批判は脇に置き、事件直後から被告の犯行手口や犯行に至った心情などが大きく報道されました。その中で、被告の生い立ちや境遇などが取り上げられ、何か同情を誘うような雰囲気が生まれてきます。

さらには、被告一家とある宗教団体の関係がクローズアップされ、その宗教団体に故人がかかわっていたことに焦点が当てられていきました。**被告が「可哀そうな存在」であり、原因は故人にもあるとでもいうような報じ方は、報道によって受け手側の興味を問題の本質から大きく逸らすものでした。**

選挙でなくとも、言論を暴力でもって阻害する行為そのものがこの日本社会の敵であり、許してはいけないものであるはずです。ところが、事件報道はともすると、被告の犯行に至る「物語」を追いかけるような報じ方になり、卑劣なテロという部分が霞んでしまいました。

この「卑劣なテロ」という認識が当時の日本社会では決定的に甘かった。それゆえか、翌年の衆参補欠選挙の折、2023年4月15日、和歌山県和歌山市雑賀崎《さいかざき》漁港に応援演説に訪れた岸田首相を狙って手製の爆発物を投げ込み、首相の演説を妨害しようとする事件が起こりました。首相は無事でしたが、爆発で2人が怪我をしています。

殺人未遂や爆発物取締罰則違反、公職選挙法違反などで兵庫県加西市の無職、木村隆二被告が起訴されました。この事件でも、犯行の手口や被告の生い立ち境遇といった背景が報じられましたが、こちらは政治信条にかかる事柄が動機の可能性が出てきて、一気にそうした報道が下火になっていきました。

被告が「可哀そうな存在」であるという「物語」が成立し得ない時には、一般の事件がそうであるように数日で報道量が少なくなり、忘れ去られてしまうようです。結果としてここでも、言論を暴力で封じようという行為そのものが社会に対しての敵対行為であることが浸透しなかったわけです。

偽情報が世の中の不寛容を加速させる

そして、2024年4月の衆議院3補選では言葉の暴力による選挙妨害行為が問題となりました。衆議院・東京15区の補欠選挙で候補者の一人が他の候補者の演説場所において大音量で批判を繰り返したり、車のクラクションを鳴らして演説を聞き取りづらくしたりしました。警視庁はこの補欠選挙で公職選挙法違反にあたるとして、合計6件の「警告」を出し、そのうち1件が演説の自由を妨害した「自由妨害」にあたるとされました。「自由妨害」の警告を受けたのは、政治団体「つばさの党」の新人・根本良輔氏やこの団体の黒川敦彦代表など3人です。

つばさの党側は、「表現の自由の範囲内だ。他の候補者に質問をしていただけだ」として問題はないとの認識を示しています（同年5月17日に逮捕）。また、警視庁による警告そのものが権力の濫用だとして東京都に対し損害賠償を求める訴訟を起こしたことも明らかにしました。

候補者の言論の自由は最大限尊重されなければいけませんが、一方で有権者が候補者の政策を聞く権利を奪うわけにはいきません。

その部分でバッティングを起こすわけで、ここは比較衡量《こうりょう》（対立する当事者の主張を比較・検討し、双方の正当性を評価することで、結論を導き出す方法）で判断するべきなのですが、残念ながらジャッジを行うはずの警察の動きは非常に慎重なものでした。

その理由の一つとして挙げられているのが、２０１９年の参議院選挙における当時の安倍首相演説に対するヤジを北海道警が排除した一件。

首相演説に対してヤジを飛ばしていた人に対し演説会場から遠ざけたり、追従行為を行ったりしたことが言論の自由や、移動・行動の自由の制限に当たるとして北海道を相手取って提訴しました。

本書の原稿を執筆していた8月19日、最高裁が原告・被告の上告を棄却し、高裁判決が確定しました。原告の男性の訴えを退けたものの、女性の訴えを認め、道に対しての賠償命令が確定したのです。

すなわちヤジを飛ばすという言論の自由の制限は警察の安全確保では一部正当化できないとの判断が下っていたのです。

出発しようとする他の候補者の選挙カーの前に仁王立ちする「つばさの党」関係者

写真：朝日新聞社／時事通信フォト

そのため、東京15区での妨害行為に対し、当初警視庁は様子見ムードでした。

しかし、「これは選挙妨害なのではないか？」といったことが報道され、世間が広く知るようになると、「なぜ警察は取り締まらないのか？」という疑問、問い合わせが増えていき、その後は対応するようになりました。

具体的には、普段ならば大政党の幹部や閣僚クラスでなければ出動しないＳＰ（警護官）を現場に投入。

数の多さで抑止するような警備が行われました。

ただ、これは全国で３選挙区、東京・警視庁管内では１選挙区でしか行われない補欠選挙だからこそできた対応です。

衆議院議員選挙となれば、全国２８９の選挙区があります。そのすべてでこういった対応をすることは、現在の警察の規模からいっても不可能でしょう。

この補欠選挙でも、こうした演説を妨害する行為に対し、ＳＮＳ上で演説場所を告知するのを取りやめたり、演説そのものを取りやめたりといった影響が出ました。

これはまさに、民主主義の危機そのものです。

候補者の言論の自由、ならびに有権者の政策を知る権利を著しく制限する行為だからです。

そして、これに対してこの補欠選挙では警察力で対処しましたが、今後はこれに自前の警備力、自警団のような形で対処する政党が出てきてもおかしくありません。

私はこれもまた、民主主義の危機であると思っています。

というのも、そもそもこうした演説を妨害するような行為は、社会を覆う不寛容がもたらしたものであると考えるからです。

いかに候補者本人は質問に過ぎない、言論の自由を逸脱していないと主張しても、それをリアルタイムの動画で見ている人がいて拍手喝采しているわけです。その方々は対立候補の陣営が右往左往している様にこそ拍手喝采しているわけで、自分の気に入らない言論に対して口を塞いでしまうことに疑問を持たない不寛容さが徐々に浸透していっていることがわかります。

もともとは選挙戦では敵同士であっても、お互いの意見を聞くだけ聞くということがマナーとして存在しました。演説場所が偶然重なることがあっても、お互い譲り合いながら行うというマナーもありました。

そうした紳士協定のような不文律が崩れている中で、政党が自警団を組織し出すとどうなるのか？

最初は自衛のためといっても、対立候補が許しがたい言説を唱えていた時に、「これも言論の自由なのだ」と堪えられるでしょうか？

可能も何も、**許容することが民主主義・自由主義社会では絶対に必要なのですが、今のような不寛容な空気の中で否定的な言動を抑えることができるでしょうか？**

候補者や陣営幹部が抑えようとしたところで、支持者たちが先鋭化していて已《や》むなく動かされるということもあるかもしれません。

それこそ、かつての悲しい歴史を繰り返すことになってしまいます。

1930年代のナチス・ドイツが組織した突撃隊[*1]、あるいは日本の血盟団事件[*2]や五・一五事件[*3]、二・二六事件[*4]と連なるテロの系譜。

---

*1　ナチスの防衛組織。集会の警護や他派の集会の襲撃を行った。略称はSA。

*2　国家主義者・井上日召が組織した右翼団体によるテロ事件。民政党幹部で蔵相経験者の井上準之助と三井合名理事長・団琢磨が暗殺された。

*3　1932（昭和7）年5月15日に起こった、海軍将校らによるクーデター。首相官邸で犬養毅首相を暗殺したほか、政友会本部・警視庁・日本銀行などへの襲撃を行った。

*4　1936年（昭和11）2月26日に起こった、陸軍皇道派青年将校らによるクーデター。陸軍の在京部隊が、首相・蔵相官邸、警視庁、朝日新聞社などを襲撃した。

日本の例で言えば、そうした事件が起こるたびに「青年将校の気持ちもわかる」という同情論が顔を覗かせました。

政治が腐敗しているからだ。農村の窮状を知る将校たちの已むに止まれぬ大和魂だ。当世の忠臣蔵だ。

そうした世の中の同情的な空気が、テロによって社会を変えることを正当化し、より過激なテロやクーデター未遂を次々と引き起こしたのでした。

「自身の寛容を主張するために、他者の不寛容に対して不寛容になってはならない」という原則が崩れ不寛容が加速していきました。

私は、不寛容が世を覆ってしまえばこうしたことが繰り返されるのではないかと危惧しています。

ここで戦前の事案を引くと、「いやいや、当時の大日本帝国憲法下の日本では起こったかもしれないが、今は日本国憲法、平和憲法下なのだからそんなテロは起こり得ない」と指摘されます。

しかし、こうした目的のためには手段は正当化されるという空気は、戦後の日本社会にも存在しました。

1960年代から70年代の学生運動の時代、過激な破壊活動があっても、あさま山荘事件[*5]でその凄惨さが表に出てくるまでは社会にはなんとなく容認する空気がありました。政治が腐っているから仕方がない。このぐらいのショック療法でないといかん。折しも、中国では文化大革命[*6]の嵐が吹き荒れていた時期。そのスローガン、「造反有利」（反対するには理由がある）という言葉は、まさに「目的が手段を正当化する」ということ。

自分たちの正義のためなら違法行為も正統化されるというのは、おおよそ立憲主義からはかけ離れる主張ですが、もはやイデオロギー的な左右に関係なく自分たちの正義とは異なる意見に対しては何をしてもいいという空気が充満しているように思います。

不寛容が充満し、お互いが疑心暗鬼の中では、そこに着火するような偽情報、情報操作は大きな効果を発揮します。

＊5　1972年（昭和47）、新左翼系の武装グループ・連合赤軍が、長野県軽井沢の山荘に人質をとり籠城した事件。

＊6　毛沢東の指導のもと、1965年～1976年にかけて中国で行われた「資本主義の道を歩む実権派（走資派）打倒」を旗印に掲げた政治闘争。

お互いの対話がない中ですから、相手に関する情報の真偽をたしかめようがありません。

ひょっとすると、今が引き返せるか引き返せなくなるかの瀬戸際、ポイント・オブ・ノーリターンなのかもしれません。

相容れない相手だからこそ言い分を聞き、その上で情報の真偽を判断し、解決策を模索していく。この民主的なプロセスを維持し、発展させていくためにも、情報の受け手の姿勢が問われます。見出しだけで断定せず、暴力や違法行為に堕することなく、ひとつひとつ一次ソースにあたるのはこの上なく骨の折れることですが、この努力が我々の民主的な社会を後世に残していくカギになるのかもしれません。

第2章

一貫性のない情報が、真実を見えなくさせる

陰謀論のるつぼと化したコロナ禍

2020年1月に前著『「反権力」は正義ですか』を上梓したのち、世の中は大きく変わってしまいました。言わずと知れた、コロナ禍です。

ちょうど前著が刊行された頃から中国・武漢を中心に高熱や肺炎を伴う原因不明の疾患が報じられるようになり、そのうちに各国に飛び火、果ては地球規模で人類を襲うパンデミックとなりました。人が集まることそのものがウイルスの蔓延《まんえん》に繋がるとのことで密の回避が言われ、喋れば飛沫が拡散するとのことで黙って食事することが推奨され、同じ理由で飲酒も目の敵《かたき》にされました。その後、徐々にウイルスの特性が明らかになり、ワクチンの開発が急がれ、大規模な接種オペレーションの実施。2023年5月に感染症法上の分類も5類となって、以前と同じように人々が集まることにも食事をすることにも、会話をすることにも制限がなくなりました。

あれだけ大規模に行われた行動制限、特に最初の緊急事態宣言の時には街から人っ子一人いなくなるような状態でしたし、マスク着用の推奨どころかほぼ強制、咳やくしゃみも忌避される社会の空気などなど、この一連のコロナ禍が社会全体に与えたインパクトは計り知れません。

ワクチンに関しても、陰謀論やワクチン忌避の言説が飛び交い、中にはICチップが混入していて人々を操るのだというような荒唐無稽なものまで一部では信じられていました。今でも、一定程度ワクチンに懐疑的で接種をしていない人や、ブースター接種（ワクチンの効果を持続させるための複数回接種）までは行わない人もいます。

もちろん、接種するかどうかは個人の判断に委ねられていますから、していないことが問題なのではありません。接種せずとも平気なのは、特効薬の迅速な開発と速やかな保険収載があって負担が軽減されていることや、１００％ではありませんが、接種者の持つ予防効果、感染防止効果によるものも否定はできないでしょう。当時、何人もの医療従事者から実情を聞いていましたが、なんとしてもワクチン接種は急がなくてはいけないと言っていましたし、情報の出し方には非常に気を遣っていました。

厚生労働省の新型コロナウイルス感染症対策アドバイザリーボードのメンバーを務めた感染症対策の専門家で、元川崎市健康安全研究所長の岡部信彦さんに話を伺った際、「HPVワクチンの轍《てつ》を踏んではならない」と危機感をあらわにしていました。

HPV（ヒトパピローマウィルス）ワクチンは、子宮頸がんを誘発するウイルス感染を防止するワクチンです。性交渉によって感染する例が多く、それゆえ性交渉を経験する前の思春期に接種するのが適切とされ、日本ではまずは女子を対象として全額国の負担で定期接種を行うこととなりました。しかし、接種後に副反応とされる倦怠感や歩行困難などが大々的に報じられたところから暗雲が漂います。因果関係は不明ながら、それが明らかになるまでまずは積極的勧奨を止めることとなり、全国で接種が事実上ストップしてしまいます。その後、専門家による綿密な調査が行われ、因果関係を証明するには至らずという結論が出たのですが、その頃には「HPVワクチンってなんとなく怖いものだ」という印象が世間に流布してしまっていました。

コロナワクチンも副反応があることは欧米などの先行事例ですでにわかっていましたから、そうした副反応事例をありのまま紹介しつつ、社会的なメリットも合わせて訴えていく戦略が取られました。さすがにメディアの側も、HPVワクチンの一連の騒動と、それによって子宮頸がんを患う女性が先進国では日本だけ異常に多いという事実を突きつけられて反省したのか、今回のコロナワクチンに関して極端なネガティブ・キャンペーンを打つようなことはありませんでした。

こうしたメディアの対応も、陰謀論者にとっては「米製薬大手に買収されたのだ」「世界を操るディープステート（DS）の言いなりだ」など陰謀論の根拠になってしまいますが、少なくともこの件に関しては世間全体が間違った方向に行かなかったのは評価してもいいのでしょう。

完全に馬脚をあらわしたマスコミ

ただし、ワクチンの件以外では、この3年余りの狂騒を振り返る時、コロナ禍で完全に馬脚をあらわしたのはメディアだったのだろうと思います。

「馬脚をあらわす」という言葉の通り、もともとあった問題がふとした拍子に表に出てくるわけで、実は目新しい話ではありません。**批判のための批判、局面が変わればそれまでの主張と真逆であっても臆面なく主張する、ダブルスタンダード・トリプルスタンダードは当たり前、ファクトに基づかず、見出しや映像の印象で受け手の意識を引っ張っていく、などなど。**前著『「反権力」は正義ですか』を上梓したのも、そんなメディアのあり様に違和感を覚えたからでした。

新型コロナウイルスの経済的な影響は、人により異なりました。非正規雇用、飲食・サービス・宿泊・運輸業の方々、シングルマザーといった、苦境に立たされた人々と、リモートワークを活用するなどして出勤を最小限にしても業務を継続できたオフィスワーカーなど、ある程度でダメージコントロールをできた人々が存在したのは事実です。そして、この社会的な危機に際して信用を高めた業種、低くなった業種が存在したのも事実でしょう。残念ながら、メディアも後者で、懐疑が高まった業種の一つといえるのではないでしょうか。

そもそもは、人々が知りたいことを報じるのがメディアのはずでした。世の中で何が起こり、生活にどんな影響を及ぼすのか、忙しい人々に代わって取材し、それを報じる。この原始的ともいえる社会におけるメディアの役割が、このコロナ禍で当然のように人々から求められ、期待されました。中国・武漢から全世界へと広まったこのウイルスは一体どういったものなのか？　今、どのくらい広まっているのか？　この先はどうなっていくのか？　感染力はどの程度なのか？　致死率は？　予防法は？　治療薬は？　ワクチンは……？

それに真摯《しんし》に答えるメディアもたしかに存在しました。というか、既存のほとんどのメディアが科学面などの特集記事、ニュース番組の特集コーナーなどで感染症などの専門家の言葉を引きながら右に挙げた質問に答えていたと思います。

ところが、**同じメディアが政治面や社会面、ワイドショーなどでは様相を異にするので**

す。往々にしてまずは批判的なスタンスを明確にし、どんなニュースが入ってきてもまずは批判するのです。最初に断っておきますが、私は批判することそのものはとても大切な行いだと思っています。我が国は言論の自由が憲法によって保障されていますし、健全な批判がなければ権力が堕落し、暴走するのは歴史が厳然と証明しています。

しかしながら、**その批判がまったく一貫性を欠くとすればどうでしょう？**　たとえば、２０２０年の夏から始まり、コロナ感染者の急増で同年12月半ばに休止に追い込まれた政府の経済対策、「Ｇｏ　Ｔｏ　キャンペーン」。観光や飲食、イベント、商店街振興など多岐にわたりましたが、秋の連休で感染者が急増し、それが数字として表れてきた12月、政治面や社会面、ワイドショーなどは「Ｇｏ　Ｔｏ　キャンペーンのせいで感染者が急増した。経済の立て直しを焦って見切り発車でＧｏ　Ｔｏ　キャンペーンを強行した菅政権（当時）の見識のなさのせい

「Go To トラベル」キャンペーン開始当日、新千歳空港の国内線ターミナルを行き交う人々　写真：時事

だ！」と連日激しく批判しました。

人が動くことで感染の機会は増えることは感染症が専門の医師も危惧していることでしたから、できるだけ感染を防ぐ行動をしながらの観光が推奨されていました。各地でレンタカーの需要が急増し、不特定多数と接触するような体験型観光よりも滞在型の施設に人気が集まるなど、キャンペーンを使う側の人々もそれなりにウイルスの特性を理解した上で行動していましたし、受け入れる施設側も様々な感染対策を施した上で受け入れていました。そうでないとキャンペーンに参加できないのですから当然です。しかし**メディアはそうした現場の努力などは報じず、とにかく「旅行をするけしからん人がたくさんいますよ！」と印象づける報道に終始していました。**何度も言いますが、こうして批判するのは一つの見識ですから、それ自体は私は批判しません。

問題なのは、こうしてGo To キャンペーンを批判してきたメディアが、12月半ば、批判を受けて政府がキャンペーンの休止を発表した時にどういった行動を取ったかです。急ぎ、記者やカメラマンを街の飲食店や宿泊施設に派遣して店主のコメントを報じました。見出しには、「キャンペーン休止で憤る飲食店」「途方に暮れる店主」「飲食業界に甚大な影響も」といった文字が躍りました。苦渋の表情で店のシャッターを閉める店主の姿が映されました。

その報道だけを見れば、政策変更によって突然窮地に陥った人を知らしめる正義のメディアなのかもしれません。しかし、彼らを窮地に陥れたＧｏ Ｔｏ キャンペーン中止という政策決定は、それまでそのメディアが「感染者が急増した原因なので一刻も早く中止にした方が良い」と主張してきた内容そのものであるわけです。

前日までの報道は一体何だったのでしょう？　それまで「止めろ止めろ」の大合唱だったのが、休止が決まった瞬間に「止めて困っている人がここにいますよ！」と、さも寄り添っているかのような所作で報じるのです。誰だって、「それ、キャンペーン中止前に言えよ」と思いますよね。メディアの中の多様性といってしまえばそれまでかもしれませんが、あまりのご都合主義に私はしばらく呆然と紙面や画面を見つめていました。

心情に寄り添うだけでは問題の本質はわからない

この新型コロナウイルスの対応はよく、感染症対策と経済のトレードオフの構造で報じられます。経済を活性化させようとすれば人が動き、その分感染の機会が増えてしまう。感染がある程度以上まで増えてくれれば、経済が止まるのを覚悟の上で人の動きを止めるような政策を講じざるを得ません。そうして感染が収まってくれれば、また少しずつ経済を動かしていく。この繰り返しのサイクルを表す「ハンマー&ダンス」という言葉も浸透しましたが、**この切り替えのタイミングで常に今挙げたような手のひらを返し続けてきたのがメディアでした。**たとえ友人関係であっても、一度の手のひら返しで信頼は失われるわけですから、それを短期間で繰り返せば信頼を失うのは当然なのかもしれません。

そもそも、Ｇｏ Ｔｏ キャンペーンのような経済活動を促す政策をすれば感染はある程度拡大し、感染拡大を抑えようとすれば経済活動が阻害されて困窮する人が出てくるという、相矛盾する2つの政策のどちらに重きを置くか、感染状況と経済状況を見ながら落としどころを決断していくのが政治プロセスのはずで、その落としどころというのは、言ってみれば誰もが多少の不満を飲み込みながら辛うじて納得する均衡点のはずです。

ただ、**この均衡点はそれぞれに不満を飲み込んだ憤りを孕《はら》んでいるわけですから、そうした憤りや不満を報じようと思えばいくらでも報じられるわけです。ですが、そうしたひとつひとつの不満を報じたところで全体像を示さない限り問題の本質は見えてきません。**

先ほどのＧｏ Ｔｏ キャンペーンの例でいえば、感染拡大を報じるタイミングで客の戻った観光地の経済が一息ついた状況も紹介し、今後どうするべきなのか問うなどの方法はあったはずです。

そして、この「ハンマー＆ダンス」のサイクルから抜け出すべく各国が切り札としたのが新型コロナワクチンです。本来、国民の命がかかる問題ですから右も左もないはずなのですが、これも極度に政治問題化し、その時々での批判の材料となりました。

揚げ足取り、手のひら返しの大合唱

２０２１年の夏、「ワクチンが予定通りに行き渡っていない！　足りない！　大失策だ！」という批判が出ました。現場はとにかくこのワクチン接種を急ぎ、１日あたり１７０万回の接種を達成しましたが、そのために想定よりも早く在庫を使い果たすに至ったわけです。

ところが、この年の春先、わずか3カ月ほど前にはまったく真逆の批判が繰り広げられていたことを多くの人は忘れています。２０２１年5月、菅首相が「1日１００万回接種を目標とする」と発表すると、「打ち手不足で到底無理」「ワクチンだけがあっても意味がない」と、囂々《ごうごう》たる批判が巻き起こりました。また、自治体のキャパシティ不足で接種券が届かず接種が滞るという事態も発生。そこで総務省が支援する旨の通知を出すと、「助言という名のもとに『7月末までにやれるんだろうな』と迫っているようにも見え、半ば脅しだ」（5月12日・立憲・安住国対委員長）という批判の声が上がりました。

また、自治体の負担を少しでも軽くし、接種のスピードを上げようと自衛隊が運営する大規模接種センターを稼働させれば、「システムの不備がある」「架空の接種券番号でも予約が取れてしまう」と批判。

続いて始まった職域接種についても「人員確保や公平性に課題」（6月2日・朝日新聞）などと、大企業優遇ではないかとの批判が上がりました。

たしかに突貫工事で体制を整えたので、綻《ほころ》びはそこここにあるでしょう。それを走りながら直していったということなのだと思います。それを、**いちいちここに綻びがある、あそこにも綻びがあるとあげつらうことに何の生産性があるのか？** 現場はそんな批判にもめげずにシステムを手直しし、運営していきました。ワクチン接種をできるだけ急ぐべきだというある程度の国民のコンセンサスに現場は官民挙げて応え、様々な方法で接種スピードを上げて目標を達成しました。夏になりワクチン不足となりましたが、まずは足らなくなるまで尽力した現場に対し評価してからでないと、手のひら返しの誹《そし》りを免れないのではないでしょうか？

さて、さらに遡《さかのぼ》りますと、さらなる手のひら返しが見えてきます。2021年の初春、イスラエルやイギリス、アメリカなど欧米先進国では一般へのワクチン接種がすでに始まっていました。一方、この時我が国では、2月に医療従事者への優先接種が始まったばかり。メディアと野党はワクチン不足批判の大合唱でした。

自衛隊運営大規模ワクチン接種会場にて、接種済証を受け取る人々　写真：時事

2月17日の衆院予算委で立憲・長妻昭議員はどうしてワクチンの接種が遅れているのか、早くならないのかと菅首相に問いただしました。首相は接種が加速できないか、何回も厚労省や関係者と打ち合わせしているとした上で、「我が国は欧米諸国と比較して感染者数が1桁以上少なく、治験の発症者数が集まらず、結果が出るまでかなりの時間を要する」と説明。さらに、ワクチンへの反応は人種差が想定されるので、欧米諸国の治験データのみで判断するのではなく、日本人を対象にした一定の治験を行う必要性を訴えました。

特に後段の「一定の治験を行う必要」という部分が答弁のキモとなるのですが、海外ですでに治験を経て一般国民への接種も進んでおり、副反応等についてもデータがあるのだから治験を簡素に済ましたり、あるいはスキップしたりしてもいいのではないかと素人ならば思います。が、そこには事前に歯止めがかけられていました。それも、この時ワクチン接種の遅れを批判した野党とメディアによって。

２０２０年秋の臨時国会。当時は欧米で一部ワクチンが治験を終え、製薬会社が各国に緊急使用許可の申請を出した時期でした。やがて欧米で本格的な接種が始まり、いずれ日本にも入ってくることが見えた頃。そんな中、11月18日衆院厚労委での「新薬をスピード認可して痛い目にあったことがある。大変な事態が起きない保証はない」（共産・宮本徹議員）など、ワクチンの特例承認を急ぐ政府を牽制する発言が相次ぎます。これに先立つ9月6日付の朝日新聞社説「コロナワクチン　社会の合

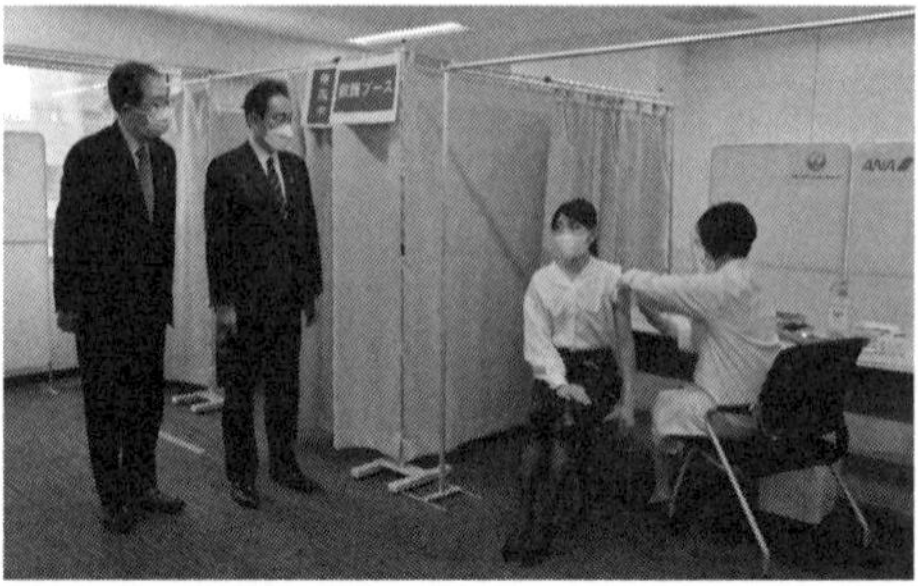

航空産業従事者向け新型コロナワクチン職場接種の現場を訪れた岸田首相と斉藤国交相　写真：時事

意　丁寧に築け」では、有効性や安全性をたしかめる作業をおろそかにしてはならないと、拙速を戒めています。

こうした声を受け、可決・成立した改正予防接種法には、「新しい技術を活用した新型コロナウイルスワクチンの審査に当たっては、（中略）国内外の治験を踏まえ、慎重に行うこと」との附帯決議が盛り込まれました。「新しい技術を活用した」という表現は、メッセンジャーRNAを用いたファイザーやモデルナ製ワクチンを念頭に置いているのは間違いなく、これらのワクチンを国内の接種の主力として活用している以上、先進諸外国との2～3カ月のタイムラグは前年の2020年秋の時点で時限爆弾のように仕込まれていたものなのでした。

そして、2021年の通常国会。今度は野党からなぜ欧米に比べて接種が遅れたのかが問題視されますが、旧知の元官邸高官は「あんな附帯決議つけられたら、官僚は治験を行う以外に方法はない。どんなに総理にやれと言われても、法律にこうありますって言えるもんね」と私に話してくれました。

これも問題は、新技術を使ったワクチンについて慎重に治験を行うべきと主張したことではなく、そうした主張を容れて作られた治験の仕組みを忘れたがごとく「なぜ接種が遅

れているのか!?」と批判する一貫性の欠如です。批判するにしてもせめて、「あの時はそう言ったけど、治験が慎重過ぎませんか？」など、それまでの自分たちの主張の落とし前をつけてから論を変えるべきなのではないでしょうか？

新型コロナ対応では、今日には良しとされていた政策が明日には間違っていると判明するような事象が数多く起こりました。また、感染予防と経済のトレードオフの問題やワクチンの登場によって政策の前提が変化するなど、その場その場で最適と思われる解が次々に変化していきました。

刻一刻と状況が変化する、まさに有事対応です。それを報じる側がスタンスを批判一方に固定してしまうと、是々非々での評価ができなくなり、論理矛盾に陥ります。

今後、この国を取り巻く環境は厳しさを増していくことが予想されています。それは、社会的な面でも、経済的な面でも、安全保障の面でも、あらゆる面においてです。その時に、メディアはかつてのような信頼を得ることができるのか？　新型コロナ報道のみならず、あらゆる場面でメディアはこうした論理矛盾に陥り、いたずらに信頼を落としてはいないでしょうか？　コロナ禍以降、メディアが陥ったダブルスタンダード、トリプルスタンダードは続いています。残念ですが、受け手の側がメディアは間違わないものと思うのではなく、時にはダブルスタンダードになるものだと思って受け取らなくてはいけない時代なのかもしれません。

目の前の困っている人をクローズアップして感情を揺さぶり、何もしていない政府や大企業といった権力側を批判する手法を見た時には、どうして動けないのかを少し調べてみることをお勧めします。この章で挙げた通り、原因は別のところにあったり、批判をしている側が実は原因を作っていたりするものなのです。

第3章

民意を分断させるダブルスタンダード

絶えず苦境に立たされてきた就職氷河期世代

帝国データバンクと東京商工リサーチがまとめた2024年上半期の企業倒産件数によれば、半期で500件近くに上り、物価高に加えて求人難、人件費高騰などによる人手不足倒産も増えてきているとのことです。企業もそうならないようにできる限り採用時の条件を良くしたり、シニア層の定年を延長したり待遇を改善したりして、なんとか人を繋ぎ止めようと必死になっています。実際、新卒者の給与水準は年々改善されていますし、定年を迎えても雇用延長は当たり前、それどころか正社員の定年を70歳まで延ばして給与水準を維持する企業も出るようになりました。

こうした雇用環境の改善は働くものにとって喜ばしいことではあるのですが、若手とシニアの間の中堅世代が置き去りになっている感は否めません。そしてこの層は、常に雇用の面で苦境に立たされ続けた世代でもありました。この世代が生まれたのが1970年代から80年代初頭。当時、日本経済は第一次、第二次オイルショックを経てなお成長軌道にありました。プラザ合意[*7]後の円高不況などもありましたが、得意の自動車、家電に加え

*7 1985年9月に行われた先進5カ国（米、英、仏、西独、日）蔵相・中央銀行総裁会議における、「ドル高を是正」のための為替市場への協調介入を旨とする合意。

図4　求人総数および民間企業就職希望数・求人倍率の推移

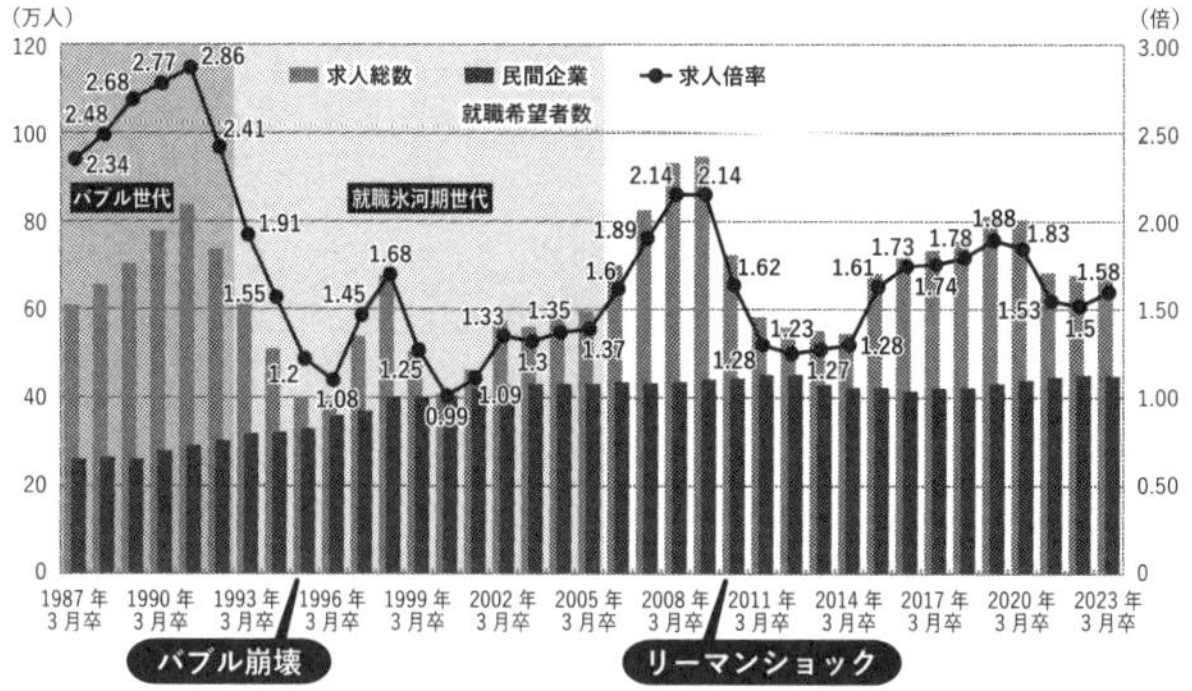

リクルートワークス研究所「第39回ワークス大卒求人倍率調査（2023年卒）」を基にSBクリエイティブが作成

てハイテク産業も花開き、ハーバード大学のエズラ・ヴォーゲルが『ジャパンアズナンバーワン』を著したのもこの時代でした。頑張れば報われる。そう教えられたこの世代の人々が社会に出たのは１９９０年代。そこで、身をもって社会の厳しさを知ることになります。

冷戦の終結、さらにバブル崩壊。日本は30年にわたるデフレの時代に入りました。

既得権の打破、政治改革、構造改革、様々なスローガンが躍りましたが、この時代から日本は長きにわたる低迷を続けます。

成長がストップしてしまい、不安にさいなまれるとき、誰もが手元にあるものを必死に守ろうとします。経済面で見れば、土地や建物といった資産や収入源である仕事がそれにあたるでしょう。

あの90年代において、社会を動かす50代、60代だった団塊の世代の多くにとっては、それが「正社員」というステータスだったのかもしれません。これを維持しようとした時、犠牲になったのは社会に出たばかりの若者たちでした。今、中堅を迎えている世代、「就職氷河期世代[*8]」です。

経済成長がストップしてしまった以上、会社は大きく成長しません。正社員の数は限られますし、そもそも正社員を養うコストも会社は削りたい。すでにいる団塊の世代の正社員については雇用は温存しながら賃上げはほとんど行わず自然減でコストを減らし、一方で本来であれば新陳代謝すべきところに入ってくる新入社員をできる限り絞りました。

あるいは、コストを圧縮できて業績のよしあしに応じて募集も解雇も容易な正社員でない形での採用が増えました。

折しも、派遣法の改正で製造派遣など業種・職種の拡大が行われ、企業経営者からする

＊8　バブル崩壊後の就職氷河期（1993年卒～2005年卒）に社会人となった、雇用面・社会福祉面・教育面での負担を強いられた世代。

と派遣社員の使い勝手が格段に良くなったところだったことも、こうした流れに拍車をかける要因になりました。なお、この場合の使い勝手とは、コストを抑えて働き手を確保できるという経営者側から見ての「使い勝手」です。

いずれにせよ、正社員の門戸は狭まりましたがゼロではなかったので、上の世代は正社員になれず進路に悩む若者たちに対し「自己責任」「努力が足らない」などと非常に冷たくあたりました。当時、氷河期世代の親たちは団塊世代でなんとか雇用を維持された正社員でしたから、実家から出て独り立ちすることも金銭的に難しかった若者はそのまま実家に居残りました。これを「パラサイト・シングル」[*9]などと揶揄《やゆ》するように報じたメディアも多くありました。年を重ねた現在も同じように「子ども部屋おじさん（こどおじ）」などと揶揄する向きもあるようですが。

一方、非正規で採用された人たちはスキルアップをしようにも、日々の労働で精一杯。正社員と違い、勤務先の金銭面、時間面、福利厚生面でのバックアップも心許ない中で時間だけが過ぎていきます。

---

*9　社会に出た後も経済的自立をせず、実家で暮らす独身者。

そのうちに2006年、07年あたりの時期には、リーマンショック[*10]前のつかの間の好景気を迎えますが、その恩恵は一世代下の新卒者にわたり、わずかな転職のチャンスをつかんだ人間以外は社会から忘れられた存在となりました。**新卒で正社員として採用されたか非正規だったかなど、社会に出た年のわずか1年、2年の差で残酷なほど就職活動の苦労の度合いが異なることがこの世代の特徴です。**

そしてリーマンショック、民主党政権。超円高で中間層以上は海外の品物が安く買え、海外旅行も身近になりましたが、企業は生産拠点を次々に海外へ移転させ、国内の就職先が消えていきました。

「派遣切り」[*11]が流行語になるような状況に最も翻弄されたのが、他でもない就職氷河期世代の非正規労働者たちだったわけです。

社会に出てすぐ、そして2010年代初頭と2度にわたって経済失政の波をもろに被っ

---

*10　米大手証券会社・投資銀行リーマンブラザーズの経営破綻を発端として、2008年9月に起こった世界的金融危機・不況。

*11　経営状態の悪化等を理由として、企業側が派遣契約を打ち切り、派遣社員が失業すること。

たこの世代が、現状を打破する経済政策、アベノミクス[*12]を掲げた第二次安倍政権に期待したのは自明の理でした。

当時、普及しだしたTwitter（現X）などを中心に「ネトウヨ（ネット右翼）」という言葉を多く目にするようになり、若者の右傾化が問題だと言われましたが、この世代の安倍政権支持の根幹はイデオロギー的な傾倒よりも経済政策にあったのではないかと思います。これを、第二次安倍政権の首相官邸で要職を占めていた元高官に言うと非常に驚かれ、そうだったのか！　という顔をされました。この元高官も１９８０年代に霞が関に入ったキャリア官僚。マクロ経済政策がここまで雇用や賃金といった国民生活に影響するというこ

企業や行政の対応に抗議し、デモ行進する人々
写真：時事

＊12　２０１２年12月に発足した第2次安倍晋三内閣による経済政策の総称。積極的金融緩和や財政支出でデフレーションを払拭し、規制緩和などで産業を育てることを目指した。

とを、90年代以前にすでに社会人になっていた方々は実感としてご存知ないのかと思いました。

もちろん、民主党政権にも「デフレ脱却議連」などマクロ経済政策で経済を回復、成長させ、雇用を確保する政策を志向する人たちもいました。しかし、政権中枢、特に菅(直人)、野田両政権はむしろ真逆の消費税増税に走り出し、氷河期世代の失望を買いました。

自民党は消費税増税を決めた3党合意の当事者なので同じように失望されてもおかしくありませんでしたが、第二次安倍政権は消費税増税に対して懐疑的なメッセージを発信していたので、この政権ならば消費税増税を回避して経済を浮揚してくれるのではないか?という期待感がありました。

マクロ経済政策を打ち出して景気回復を訴える姿は今までの各政権にはなかったものでした。それまでは、どこどこに予算をつけるというタイプのものか、どこどこの予算を切り詰めます、改革しますという、ミクロな政策を大きく見せるタイプが主流。2009年に民主党が政権を奪取した時のマニュフェストの1つにガソリン税の暫定税率の廃止減税を掲げ、「ガソリン値下げ隊」がメディアで大きく報じられていたのは記憶に残るところです。

対照的にアベノミクスは大規模な金融緩和と機動的な財政出動、そして民間投資を喚起する成長戦略の三本の矢によって物価を上昇させて失業率を下げ、経済の好循環に繋げていくというマクロ経済政策の道筋を示しました。何度も言いますが、この経済政策への期待感こそが当時の若年層が安倍政権を支持した原動力であったと今も私は思っています。

特に、アベノミクスの初期は期待とともに経済も着実に上向いていました。しかし、3党合意によって予定されていた消費税の5%から8%への増税で雲行きが怪しくなり、それ以降はジワジワと成長したものの当初想定していた2年で結果を出すというところには到底及びませんでした。

その後、2度の延期を経て消費税を8%から10%へ増税。経済が落ち込んでいたところにコロナ禍がやってきて、世界経済全体が大きく落ち込み、すべてがリセットされたかのようになりました。

就職氷河期世代を対象とした国家公務員中途採用試験会場へ向かう受験者たち　写真：時事

就職氷河期世代はずっと「自己責任」の名の下に政策的な手当を受けられずに来ました。個別に生活保護などの福祉を受けることはできましたが、この世代が社会に出るにあたって被った不利を再就職やスキルアップで支援する政策パッケージが打ち出されたのは、2019年になってからでした。スキルアップのための教育を受けるのに補助を出したり、試用で雇用する企業に対して補助金を出す、あるいは公的セクターで氷河期世代に絞った職員募集をするなどを3年間の重点期間を設けて集中的に行うというものでした。当時、氷河期世代は30代半ばから40代。安倍官邸の幹部と、このまま氷河期世代を放置すると大量の無年金・無保険者が出かねない。今でも遅いぐらいだが、対策した方がいいといったことを議論していたのを思い出します。

世代間の断絶と、同世代の断絶

さて、その念願の政策パッケージは、残念ながらあまり注目されないまま重点期間の3年間を経過してしまいました。そうです。コロナ禍です。スキルアップ教育を受けようにも教育機関が密を回避するために休業、あってもリモート授業。企業や公的セクターは新たに人を採用している場合ではなく、事業を継続することすら厳しい事態に。そんな状況で重点

図5　就職氷河期世代の就業等の動向

就職氷河期世代の中心層（2022年時点の39～48歳）（単位：万人）		2019年	2020年	2021年	2022年	2019年との差
正規雇用労働者		923	924	929	931	+8
非正規雇用労働者		378	368	369	379	+1
	うち不本意非正規	46		40	39	-7
役員		52	57	58	62	+10
自営業主・家族従業者		101	101	104	106	+5
完全失業者		31	36	37	32	+1
非労働力人口		210	210	198	187	-23
	うち無業者	41	42	39	42	+1
その他		11	7	8	7	-4
合計（人口）		1705	1705	1702	1705	0

出典：総務省「労働力調査」の特別集計

期間の半分以上がほとんど何もできずに終わり、その後フォローアップ期間が設けられました。内閣官房の就職氷河期世代支援推進室が2023年5月に出した資料によれば、不本意非正規雇用労働者が期間中7万人減、正規雇用労働者は8万人増だったそうです。ただ、無業者は40万人前後で横ばい推移ですから、まだまだ課題は多いことがわかります。

こうして、就職氷河期世代は政策的な手当や好景気の恩恵をほとんど受けることなく間もなく50代に差しかかろうとしています。

私もこの世代の最後、2002年～03年に就職活動し、04年にニッポン放送に入社しました。すでに、我々の苦労は世の中の多くから忘れ去られています。それを如実に表す出来事が、今年3月28日夜の参議院本会議、２０２４年度予算案に対する反対討論で壇上に立った国民民主党の伊藤孝恵参議院議員が就職活動の頃のエピソードを語った時に起こりました。伊藤議員のX（旧Twitter）から引用します。

〈令和6年度予算三案に関する反対討論で本会議登壇。冒頭「私が就職活動で１００社もの会社に落ちた１９９７年…」と話し始めたら、議長席（?）で吹き出す声や、議場から「１００社はむごい」とか「オレ全部受かった」とか、笑い声や話し声が色々耳に入って来て動揺し、めちゃくちゃ噛んでしまう〉

笑い声や話し声……。さすがは〝選良〟と言われる国会議員の方々、自分事として捉えては……、まったくいらっしゃらないことがよくわかる反応です。参議院議員の平均年齢はだいたい60歳前後。なるほど、このぐらいの年齢層の方々はバブル景気の中、売り手市場で就職活動をしていらっしゃり、そのまま議員になられたわけですから氷河期世代の苦労などご存知なはずがありませんね。あまり世代間対立を煽るのは本意ではないのですが、本当に世代の違いがそのまま経済観の違いに直結してしまって断絶が非常に深い上に、今に至るもその苦労に耳を傾けようとしないことには怒りを通り越して呆然としてしまいます。

さらに、伊藤議員のX投稿やこれを題材にしたネットニュースに対するコメントなどを見ていると、世代間の断絶もあらわになっていて、これまた呆然とするのです。

伊藤議員の国民民主党のホームページに上げられている経歴を見ると、「名古屋市出身、金城学院大学文学部卒、テレビ大阪、資生堂、リクルート、金城学院大学文学部日本語日本文化学科非常勤講師」、となっています。新卒でテレビ大阪に入り、記者職や営業職などを経て転職したということですが、このことを捉えて「そうはいっても就職できた奴が偉そうに言うな」「結局恵まれていた人間だろう」といった声もチラホラ見かけました。私も、就職氷河期世代の話をラジオで取り上げると決まって「君は新卒でニッポン放送に正社員として入社しているのだから勝ち組だ」「勝ち組の上から目線だ」といった批判を受けます。

また、大学時代の同級生や上下2~3年ぐらいの同世代と話していると、中にはバブル世代と同じように「自己責任論」を振りかざす向きにも出会います。この世代、正社員の座をつかんだ人たちは、こちらはこちらで苦労に苦労を重ねてきました。圧倒的な買い手市場の中でなんとかつかんだ正社員の座。デフレで転職も容易ではない中、上にはバブル世代の大量入社組がいて先輩たちのように出世もできず、下も入ってこないためにいつまで経っても下働き。堪え難きを堪え、忍び難きを忍んで歩んできた会社員人生。誰も褒めてはくれないし、誰も私の気持ちをわかってはくれない。だが、私は私なりに頑張ってきたのだ。努力してきたのだ。その分報われてしかるべきだ。上手くいかなかったのは「自己責任」なのだ……。

　前述の伊藤議員の演説に「オレ全部受かった」といった御仁がもし同世代であっても私はまったく驚きません。そんな方には相当な運が味方したに違いありませんが、そういった人に限って「運も実力のうち」と嘯《うそぶ》いたり、自力だったと心底信じ切っていたりします。ですが、あの時代、運かコネがなければ職にありつけない、令和の今からは信じられないような厳しさが世間に満ち満ちていました。そして、その境遇の絶望的なまでの差が、氷河期世代の団結を阻み続けてきました。今もそうです。**この世代は1学年で100万人を優に超える人口を抱えているのにもかかわらず、親世代である団塊の世代のように塊となって発言力を高めることができません。**いつまでも焦点の合わない歪んだレンズのように、常に光が拡散して同世代間で罵り合ってしまいます。

　さらに、**若い世代との間にも軋轢《あつれき》を生む存在になりつつあります。**これは特に、氷河期世代を正社員として生き抜いてきた、相対的には「勝ち組」に分類されるような人の一部に次のようなメンタリティが生まれていることに起因します。

「私でもできたのだ。君らもスキルを磨いて強く生きるのだ」「なぜこんなこともできない。私の時代ならとっくにクビになっていたぞ」「そんなことで弱音を吐いてどうする」

そんな気持ちで10歳、20歳下の世代に接すれば、それは指導ではなくパワハラですよと糾弾される時代です。**結果として、氷河期世代を生き抜いた人たちはそのスキルを評価されるよりも、昭和の体質を残す「老害」として扱われてしまう**のです。もう少しマイルドですが、これは私の実体験でもあります。我々が潜り抜けてきたことを今行ってしまうと、それだけでアウト。なんとも切ない話ですが、これが現実ということなのでしょう。ならばもはや、何も言わずに「自己責任論」で通り過ぎようという向きもあるかもしれません。本書は人事管理を論ずるものではありませんので、そのあたりは専門の書籍に譲りますが、世代全体として個々人のミクロな努力がマクロ経済政策によっていかに脆く簡単に押し流されてしまうのかを、事程左様に肌で実感した世代なのだろうと思います。

為替を政策批判の材料にしてきたマスコミ

そして、就職氷河期世代に対する経済政策ですが、これもまた、大手マスコミのダブルスタンダードが如実にあらわれています。この原稿を書いている2024年5月初旬の時点で1ドル＝160円に迫る水準になっていて、日本の通貨当局は4月末からの大型連休中に為替介入（為替相場に対して影響を与えるべく、通貨間の売買を実施すること）を行いました。**円安とそれに伴う輸入価格上昇に端を発したインフレ傾向に対し、メディアは基本的に批判的でした。**物価上昇が生活を直撃している。為替が過度な円安のせいだ。これは日米の金利差から来ているから、日本も金利のある世界にしなければならない！　一刻も早く金融緩和を止めて、利上げをするべきだ！

たしかに、原材料を海外から輸入する産業にとっては円安は不利になります。ドル建て（債権・債務の関係をドル金額で表示すること）で同じ値段で調達してきても、円に換算すると金額が大きくなってしまいますからね。同じ理屈で、海外旅行もしづらくなるわけです。日本円での出費がかさんでしまいますから。その上、ウクライナ戦争など地政学的な要因による原油価格の上昇などに伴い、諸外国でもインフレが起こって現地通貨での値段も上がってしまっていますから、円安とのダブルパンチでますます厳しい状況です。

　他方、日本からモノやサービスを輸出する産業にとっては円安は恩恵です。ドル建てで同じ値段で売っても、円に直すと為替差益が発生するわけですから。円で同じだけの利益を取ればそれで良いと考えるならば、その分ドル建てで値引きできるわけで、価格交渉力が相当あることになります。いずれにせよ、日本を支える製造業にとってこれは慈雨ともいえる好機でしょう。

　では、円高の時はどうだったのか？　約15年前の2010年前後は1ドル＝80円台の超円高の時代でした。この章の前半で少し触れましたが、輸出企業は円高で利益の出ない国内生産を諦めました。先ほど書いた円安とまったく真逆の世界ですから、いくら日本国内でコストを削って製造しても、ドル建てでは値上げしなくては円に直した時の利益が出ません。1ドルの利益が今なら160円ですが、当時は80円。だからといって2ドルに値上げすれば売り上げはガタ落ちになるのは目に見えています。ですから、多くの企業が日本国内で製造することを諦め、海外のコストの安い国、当時目を見張る勢いで成長し続けていた中国にこぞって製造拠点を移転しました。当然、国内で生産に携わっていた人々は職を失うか配置転換を余儀なくされました。

この時メディアは、「産業の空洞化だ！　日本の製造業が危機に瀕する！」と批判して

いました。今と違うのは、この時実は非正規労働者も雇用を失って生活の危機に瀕していましたが、そこに関しては「年越し派遣村」[*13]報道に見られる通り、政府の福祉が足らないという批判に終始していました。マクロ経済政策、特にインフレ率と雇用には相関関係があることが今では知られています。アベノミクスはまさにここに作用して雇用が引き締まれば賃金が上がりインフレ率が上昇するという経路で経済を刺激しようとしました。しかし、当時は（いや、今もですが）「財政出動は悪。金融緩和は禁じ手」というイメージで報じられることが圧倒的に多く、経済が低迷しているのは改革が足らないからだ、日本企業は生産性が低いから円高になり産業が空洞化するのだ、という非常にタカ派的な議論が幅を利かせていました。当時は当時で、円高を批判的に捉えていたんですね。

このように、為替は一方のみを照らせば常に政策当局への批判材料にできる便利なものといえます。**円安になれば「生活者の味方」とばかりに輸入価格の上昇を批判し、円高なら円高で産業空洞化だと批判する。**自分たちは安定した雇用と収入がありますから（それ

＊13　２００９年、リーマンショックの影響で職や住居を失った非正規労働者を支援するために、東京都・日比谷公園に一時的に設置されたテント村。

も近年厳しくなってきていますが）、高みの見物で反権力のポーズを決めていればそれでいいと思っているのでしょうか？

昼食の炊き出しに行列を作る「年越し派遣村」の人々
写真：時事

円安は打つ手なし？

さて、今は円安が問題視されています。「円安は国力低下」「アベノミクスの副作用がもたらした通貨危機」「ジンバブ円」（2000年代に壮絶なハイパーインフレを起こし、100兆ドル紙幣を発行したジンバブエをもじり、このままでは日本もハイパーインフレになると揶揄したネットスラング）と批判されていますが、この言い方ですと、円高になれば国力が超絶に伸長するはず。では1ドル＝80円を切ろうかという円高だった2010年前後は、失業率が戦後最悪の5％台の水準でしたが、国力は今よりも上だったのでしょうか？

折しも、今年2024年のアメリカ大統領選で、共和党候補として選出されることが確実なトランプ前大統領はドル円相場に関して自身のSNS、トゥルース・ソーシャルに投稿しています。ドル円相場がおよそ34年ぶりの円安ドル高水準に進行したことに「愚かな人々にとっては（ドル高は）聞こえがいいが、米企業がビジネスを失い、外国での工場建設を余儀なくされる」と指摘。こうした為替相場はバイデン大統領が事態を「放置」している証拠であり、アメリカの製造業にとって「大惨事だ」と断じました。

アメリカ経済と日本経済では構造の違いがありますし、製造業がどれだけその国の経済に寄与しているかで変わってきますが、アメリカの製造業にとって自国通貨高（円安ドル高）が大惨事ならば、逆に日本の製造業にとっても自国通貨高（円高ドル安）は大惨事となります。**アベノミクスとそれを推進した自民党政権を批判したいあまり、野党第一党の立憲民主党やその支持者たちの中には現在の円安を批判する方も多い上に、アベノミクスで溜まった膿が生み出したもので解決策はないと匙《さじ》を投げる向きまであります。**自分たちの主張さえ正しければ国民生活がどうなってもいいという態度はあまりに貴族的で、おおよそリベラルを標榜する方々とは思えません。また、円安是正のために利上げや引き締めを主張する向きもありますが、これは国際金融の常識から考えて悪手であろうと私は思います。「国際金融のトリレンマ」に嵌まってしまうからです。

国際金融のトリレンマとは、〈一国が対外的な通貨政策を取る時に、①為替相場の安定、②金融政策の独立性、③自由な資本移動、の3つのうち、必ずどれか一つをあきらめなければならない〉（公益財団法人国際通貨研究所ＨＰより）というものです。

今日《こんにち》のほとんどの先進国はこのうち①を諦めています。独自の金融政策を取る以上、他国との間で金利差が生じることは仕方がありませんから、その金利差を狙った資本流出入が起こります。したがって、どうしても為替の変動は起こってしまうのです。

②を諦めた国や地域も存在します。欧州のユーロ圏内各国が良い例です。これらの国々は自由な資本移動を担保しながら共通通貨ユーロを用いて為替相場を固定するため、各国で金利差があってはいけません。独自の金融政策を取ること（域内で独自の金利を設定すること）は許されず、域内の金融政策は欧州中央銀行（ＥＣＢ）に一任されています。ギリシャでの経済危機の際、自国通貨であれば公定利息を下げて緩和的な金融政策で経済を刺激し、通貨安政策によって債務を軽減することが可能でしたが、ユーロ圏で独自の金融政策を取ることはできませんでした。ＥＣＢはドイツや北欧の国々の求めに従ってむしろインフレを警戒し、利下げや資産の買い入れといった緩和策を取りませんでした。哀れギリ

シャはひたすらに緊縮財政を敷いて歳出を削減。さらに港湾の権利を外国に売るなどして債務を返済する以外に方法がありませんでした。

ちなみに、そこに目をつけてギリシャを代表する港湾であるピレウス港の権利を手にしたのは、他でもない中国（正確には中国海運最大手の中国遠洋運輸・コスコグループ）だったのです。欧州の港湾でコスコや中国国営海運企業である招商局集団（CMG）などが資本参加している例はありますが、埠頭（ターミナル）ごとに運営会社が異なる場合が多く、このピレウス港のように港湾内の主要ターミナルの経営権のほとんどを外国の特定企業が占めるというのは異例です。

資本主義国において③の自由な資本移動を諦める選択肢はありませんから、前述の円安是正を目的に為替を安定させるためには②の金融政策の独立性を諦めることになります。アメリカの金利が高止まりしていれば、日本も利上げで追随するより他ありません。利上げは基本的に引き締め策ですから、国内の需要がまだまだ冷え込んでいる中では、一歩間違えばまたデフレに舞い戻りかねません。

私は、この円安は恩恵を受けている側と不利益を被っている側がありますから、金融政策を手放してまで為替を円高方向に誘導するよりも、両者の不均衡を平準化するような政

府の再分配機能を発揮すれば十分に乗り切れると考えています。そのために、為替の影響を大きく受けるエネルギー価格を抑える政策、揮発油税のトリガー条項の発動や、エネルギー関連に限った消費税の大胆な軽減税率の適用などが議論されるべきだと思います。デフレ下で物価上昇率が伸び悩み、財政出動する余地が大きかったコロナ前と比べると、今は財政を吹かせばその分インフレ率の上昇を呼び込んでしまいますから、的を絞って行わなければいけないのはたしかだと思います。

一方で、一足飛びに利上げを行うなどの対策はあまりに「副作用」が大き過ぎるわけです。考えられる利上げの「副作用」にはデフレに舞い戻るおそれの他に、雇用への悪影響、企業の業績や資金繰りの悪化、住宅ローン負担の増加、特に変動型ローンの金利上昇などが含まれます。アベノミクスの「副作用」として円安の進行や市場の歪みを批判していた皆さんは、何か一つ政策を打った時の副作用にことの他敏感なはずですから、ここで挙げた利上げの副作用にも十分に気を遣って、慎重の上にも慎重にことを運んでほしいものです。

岸田政権は物価高対策にガソリンや電気・ガスへの補助金を事業会社に支給することで価格を抑えようとしてきました。ガソリンに関しては元売り各社への補助金でしたから、必ずしも財政支出額全額が消費者への恩恵とはなりませんでした。元売り各社は自分たちは利益を乗せずに全額を売価に反映させていると言いますが、流通の間に入るガソリンスタンドなどが中間マージンとして差し引くわけですから当然です。それよりも、減税の形にすれば直接消費者の可処分所得の向上に寄与しますから、私はその方が無駄がなくていいのではないかと思います。こうして税のフレキシビリティを高めておいた方が、今後経済が好転し需要超過の好景気が過熱した際、冷やし玉としての税率の上げ下げをしやすくなるのではないでしょうか？　今は税率全体が硬直化し、上げづらいから手がつかない一方で下げることもできなくなっています。特に消費税に関しては、社会保障や教育無償化などの財源として紐《ひも》づけられているだけでなく、「あれだけ苦労して上げたんだから下げたくない、下げられない」という感情論もあり、動かすことが難しくなっています。

本来、法人税や所得税のような収入に比例する税目には景気調整弁としての機能が付属していました。好景気の時は収益・収入が増えますからその分税金も取られます。経済の過熱に対する調整弁として働き、その税収を低所得層対策などに回すことで再分配機能も担保していました。不景気の時には収益が減る、あるいは赤字になります。すると、税額が低減されたり、支払い不要となって負担が軽減され、自然と経済対策として機能していました。経済に好不調の波がありつつ、全体としては緩やかに成長していたからこそ機能していたモデルでしたが、デフレが続き企業業績も個人の収入も長期にわたって伸び悩む中で、消費税のように経済の好不調に左右されない税目がメインとなっていきました。

しかし、これはデフレ下で税収を維持しようとする財政当局は重宝する一方、国民にとっては消費行動をすれば必ず取られる税目ですから、相対的に低所得層にとってより痛税感のある税目です。消費税にはそもそも経済の調整弁としての機能はなく、むしろ階層を固定化させるおそれすらあります。それゆえ、低所得層向けに軽減税率（飲食物や新聞等を対象とされる、消費税8％と10％の混合税率）が設けられましたが、それに恩恵を感じる人は多くないでしょう。たった2％の違いしかありませんから、そもそも消費者にとっての差は微々たるものです。

今後、賃金がコンスタントに上がっていき、マイルドな物価上昇が続こうという時に、デフレに特化した消費税は足を引っ張るおそれがあります。30年デフレの終焉とともに、消費税もその在り方の議論を提起してもいいのではないでしょうか？　何でもかんでも消費税に紐づけて財源化し、消費税を下げづらくしている財務省の姿勢や、すでに財源化されてしまっているために減税を言い出せない厚労省（社会保障）、文科省（教育無償化）に加え、今後は外務省・防衛省（防衛費増額の財源）も雁字搦《がんじがら》めにされることになるかもしれません。各省庁の政策には専門家と称される学者やコンサルタント、ジャーナリスト、実務者がついています。それらがみな、それぞれの専門分野の政策を進めるために消費税増税を言って回るわけです。消費税の在り方そのものから議論しないと、それら財源として紐づけられた政策を守るため、省庁（官）のみならず、政・財・報それぞれの分野から猛烈な反対運動が出るため、消費税減税など議論もできません。今後に向けて、より柔軟な財政・金融政策をするために必要になるのではないでしょうか。

マクロ経済の失敗、社会の調整弁としてある世代の雇用やスキルアップを放置することがのちにどれだけ禍根を残すか、我々就職氷河期世代は身をもって体験しました。どれだけ個々人が努力をしても、経済が悪ければ思うような人生を歩めない。その不満は社会を不安定にするおそれもあります。**子や孫に同じ轍を踏ませないためにも、より柔軟な財政・金融政策が求められると思うのです。**

第4章

政府への批判は正論なのか

能登半島地震、政府の対応は悪手だったか

2024年元日の夕方、多くの人がお屠蘇《とそ》気分で過ごしているところにけたたましい警報音が流れ、放送局は一斉に特番に切り替えました。2024年1月1日、午後4時10分に発生した能登半島地震です。

震源は石川県能登地方で、震源の深さはおよそ16キロ。地震の規模を示すマグニチュードは7・6と推定され、最大震度7を志賀《しか》町、輪島市で記録しました。

この地震の対応に関して、発災直後から根拠不明の様々な情報がSNS上に乱れ飛びました。「自衛隊の投入が遅れたではないか!」「熊本では即座に1万人入ったのに能登はたったの1000人?」「人命救助できたのにしなかった」「台湾の援助隊を断った」「中国に忖度《そんたく》したためだ」「媚中(中国に対して宥和《ゆうわ》的姿勢)の岸田政権の問題だ」「首相の怠慢である」「馳知事ものんきに東京にいて対応が遅れた」などなど、「岸田憎し」の感情に煽られた言説が拡散していきました。

このひとつひとつについて、実際にはどうだったのかを取材しました。まず、自衛隊に関連するところでは、西部方面総監部ほか陸上自衛隊の駐屯地などが集中している熊本と、金沢駐屯地1000人しか擁さない北陸地方の違いは大きく、発災当初、まずその金

沢の1000人が即座に出動しました。初動部隊は道路寸断で行く手を阻まれるも必死に前進したとのことです。そして、陸路に限界があることは事前に想定されていたので、即座に航空自衛隊小松基地などから航空機が発進し、空からの情報収集を行いました。

また、海からの上陸が必要になると見越して、海自呉《くれ》基地からホバークラフト（LCAC。圧縮した空気を上から下へ噴出して浮上航行する高速艇）を搭載した輸送艦おおすみが出航。陸・海・空の自衛隊が災害救援に動き出しました。

続いて、台湾の救援隊に関するところと首相官邸の動きですが、岸田首相は発災後間もなく総理指示を発出し、その後も官邸その他が対応。

台湾とは話し合いの上で、現状を把握した台湾の側は救助隊の待機を解除し、今後日本側から要望があった場合には「全面的に協力する」と申し出があったそうです。

また、帰省で東京にいた知事も官邸入りし、即座に自衛隊に災害派遣要請を発出していました。

ネット上では即座に事実が明らかになっていき、首相のXアカウントでは生活情報等をきめ細やかにポストしていました。

結果、後日行われた世論調査では、55％が「大いに／ある程度評価する」と回答しています。

自衛隊の当初の対応について、特に半島では道路寸断が前進を相当程度阻むであろうことが事前に想定されていました。

北陸3県に加え、中部地方も担任する第10師団の師団長経験者に話を聞いたことがありますが、今回の初動は事前に想定した通りであったとのことです。

陸路からの輸送に限界があることを見越していたからこそ、直後に統合任務部隊（JTF）を組織。空や海から物資を直接浦々に運ぶ任務が繰り広げられました。

補給部門を統括する海上自衛隊の将官は、海上の艦艇をベースとし、そこから内火艇やLCAC、ヘリなどを使って物資を運ぶ〝Sea Basing Operation〟を行っていると発災直後、私に教えてくれました。

その後全国から物資が集まってくるようになると、拠点までの物資の輸送や仕分け等を民間と役割分担し、自衛隊は土砂崩れ等で道路が寸断された孤立集落への人力輸送を担うなど、徐々に役割を変化させていきます。

それと同時に民生支援として医師の予備自衛官らを招集。

避難された方々の体調管理や訪問医療・看護などをＤＭＡＴ[*14]などとともに展開していきました。

入浴支援も重要な民生支援の一つです。各後方支援部隊には移動式の入浴ユニットが必ず配備されていて、それぞれ駐屯地や所在地域の名を冠した「〇〇の湯」が各地に開設されました。

「自衛隊が戦力投入を渋っている」「遅かった」などという批判がいかに的外れだったかがよくわかります。

その上、能登半島地震対応を行っている最中の1月下旬、列島を寒波が襲いました。名神高速道路関ケ原インターチェンジ付近では大量の積雪により立ち往生する車両が続出し、その救出のため、自衛隊に災害派遣要請が出されました。愛知・守山駐屯地から第35普通科連隊が現場に急行しましたが、この部隊は、私も能登半島地震の被災地で何度も見かけた第10師団の主力部隊の一つ。部隊の大半を能登半島地震対応に割きつつ、同じく地元の関ケ原の大雪対応にも出動したのです。

＊14　災害発生から1週間までの急性期に活動することができる機動性をもったトレーニングを受けた医療チーム。

名神の立ち往生は日本の東西間の物流の寸断を意味します。まさに日本人の生命・財産・暮らしを守るために二正面作戦で全力投球していたのであり、**これを初動が遅かった、戦力の逐次投入であると岸田憎しの文脈で政権批判のネタとして使うのは、やや大袈裟な言い方になりますが人道に悖《もと》ると思います。**

また、被災地では首相の視察も発災1カ月で一度きりに絞り、それも与野党の地元選出議員とともに訪問するという形になりました。

立憲民主党の近藤和也衆議院議員も随行しましたが、「政府与野党の枠を超えて協力していているから安心してくださいというメッセージを発することに意味があった」とXに投稿しています。

足らざるを建設的に指摘し、漸進させていくのが大事と現場の野党議員も言っているのに、**永田町の俄か軍師のような議員が「戦力の逐次投入」だとか「首相の現場入りが遅い」だとか言うのは、批判のための批判に過ぎず災害対応には不要と言わざるを得ません。**

台湾に関しても、「米軍は入っているのだから台湾の援助隊だって入れるだろう。やはり媚中岸田政権がガンだ！」などと言われました。

しかし、米軍は自衛隊と同様、即応できる艦艇や航空機を日本国内に持っています。これを使って、陸路以外の経路からの前進が可能です。

一方、台湾の援助隊は現場での活動はもちろん期待できますが、現場までの前進には、在日台湾軍が存在しない以上、日本国内のリソースを使わざるを得ません。

とすれば、能登半島の現状を考えると発災直後は特に難しいという結論に至ったわけです。

私も実際に発災5日後に能登半島に入りました。熊本地震の時にも1週間後に現地入りしましたので時系列としては同じようなタイミングです。

能登半島地震発災5日後の現地取材で著者が見た光景

しかし、様相はだいぶ違いました。

熊本地震の時も、熊本市街から阿蘇市方面へ抜ける国道57号線が崩落し通行止めになりました。

私は山伝いの迂回路からなんとか入ることができましたが、2つの迂回路はともに土砂崩れなどがすでに撤去されていて片側1車線が確保されていました。

また、阿蘇方面には熊本から見て背中側の大分県側からの進入路も確保されていました。その分、物資や人員の確保が容易だったわけです。

一方、能登半島地震では国道249号線1本しか通れる道はなく、それもそこここで土砂崩れや亀裂があり通行不能となっていました。残った1車線を相互通行で通していましたが、当然その前後で大渋滞が起き、運べる人員や物資のキャパシティは著しく減少してしまいます。

金沢をベースに能登半島へ向かったのですが、普段なら2~3時間で半島東端の珠洲《すず》市まで行けるところ、7時間弱を要しました。時間が2倍かかるということは、輸送キャパシティは半分以下に落ち込んでしまうということです。1本道に人員が集中することを考えると、陸路には限界があるのは自明です。海路、空路を使ってのオペレーションを支援できる主体でないと海外から受け入れるのが難しいというのは、現場を見れば実感することでした。

「○○憎し」に、正論は通用しない

問題は、感情に煽られ「○○憎し」となってしまった言説に正論で訂正しても意味をなさないことです。せめて私の担当するラジオ番組では岸田政権の好き嫌いではなく、事実としての能登半島の現状や首相官邸の動きなど正確な情報をお伝えしようと努力したのですが、そうすると「飯田さん、岸田政権の擁護とは見損ないました」と批判されます。

岸田政権は安倍政権時代のいわゆる岩盤支持層からも懐疑的に見られているので、保守層の一部からこき下ろされました。

他方、「メディアは批判すること自体に意味があるのだ。それが政府をピリッとさせる。批判がなくなったら弛《ゆる》む」という指摘があります。

前著でも指摘しましたがこれに反論すると、根拠に基づかない好き嫌いの感情に起因する批判など、政策遂行者（与党政治家や官僚群）にとっては痛くも痒《かゆ》くもありません。

政策の合理性を説けば、批判者たちを納得させることはできずとも周りの第三者に対してどちらに理があるのかを理解させることは可能だからです。

批判者のベクトルは政策遂行者に向いていますが、政策遂行者側は批判者に直接応えることなく第三者に向いています。

この際の第三者というのは、実際に政策にコミットしてこない無党派層だけでなく、将来手続き上の不備などを指摘して政策遂行の妨げになりそうな司法や歴史家も含むということも言い添えておきます。要するに、そうやって体裁を整えておくということです。

それに対して**的確に反論するためには、相手方、すなわち政策遂行側のロジックを理解し、その矛盾をつかなくてはいけません。**そうすることによって、第三者の賛同をむしろ批判者側に誘導し世論を喚起することが重要なはずです。

まずは政策の中身を理解することが必要で、それを解説することは政策遂行に賛成していることと同一ではないでしょう。

私は批判することそのものを批判しているわけではなく、その方法として感情に訴えかけるような批判ではなく、ロジックで批判をし、できることならば対案を出すぐらいのことをしなければ政策変更にまで至らず、結果として現場で困っている人を救うことにはならないと主張しているのです。

甚大な被害は「備えが足りなかったから」か

能登半島地震においても、発災当初の動きは地理的制約の中で精一杯のものであったと思いますが、その後の対応の部分ではいくつか指摘できる部分はあります。

高齢化率の高い地域での災害発生で、平時から少ない人員で動いていた地元自治体の職員の疲弊などはその一つ。

先に記した通り、私は発災5日後の珠洲市に入りましたが、メディア対応などしている暇はないというほどのフル回転ぶりでした。自身も被災者でありながら、避難所の運営から罹災証明などの文書作成、国・県との折衝、支援物資の受け入れ、避難所ごとにまとめて配送などなど、精一杯動いていました。突如としてほとんどが初体験でノウハウもない「被災自治体」としての事務全般が職員に押し寄せるわけですから、その過酷さは想像を絶します。

重要な意思決定は地元の自治体職員が行わなければなりませんが、必要な事務作業の大半は、経験がある他自治体の職員の方がノウハウを持っていたりします。

医療従事者はＤＭＡＴという仕組みで発災当初から被災地入りし活動を開始しますが、行政についても発災当初から長期間、災害に関する事務作業が発生します。

これらを助けるような行政版ＤＭＡＴが必要なのかもしれません。

実は、実務の部分で似たようなことをやっている組織があります。それが自衛隊です。

災害派遣要請を受けた自衛隊は、まず連絡要員《リエゾン》を役所に派遣して任務の調整にあたります。

どういったニーズがあるかを聞き、自衛隊としてできることとのすり合わせを行うのが仕事ですが、災害派遣の経験のある自衛官や元・自衛官に話を聞くと、「徐々にアドバイスをする幅を広げていくんだ」といいます。

「この道路啓開の話は先に県や国に話をしてから自衛隊に下した方が進みが早い」「ここまでは自治体側で決めてもらわないと動けないから決めた方がいい」などと、仕事を円滑に進めるためのノウハウをアドバイスするそうです。

ただし、これはあくまでもアドバイスであって、何か権限をもって行うわけではありません。

行政版DMATのようなものを組織し、ある程度地元自治体職員と同じような権限を担う臨時職員などの形で

能登半島地震から約6カ月後の現地取材にて。被災した家屋の瓦礫の運び出しが遅々として進まない現状に直面している

被災自治体に入るシステムができれば、今よりも行政の疲弊を抑えることができるかもしれません。

今までの災害では、ある程度すれば民間が立ち直っていきましたが、超高齢化社会ではそもそも行政に頼る部分が多くなっています。**今後、超高齢化社会における災害への立ち向かい方、復旧復興プロセスへの導き方が変わっていくのではないでしょうか？**

実際、地震発生から6カ月余りが経って再び能登半島に入って取材をしましたが、被災した家屋の瓦礫の撤去などが遅々として進まないという事態に直面しています。

発災当初、何が何でもボランティアで被災地に入ろうとして断られ、批判していた人たちは今こそ活躍の場のはずなのですが、被災地ではボランティアの方々が足らず、人手不足にあえいでいると言います。あの時の批判していた人たちはどうしたのでしょうか？曰く、「来るなと言われたから、もう行かない」。これでは第三者の賛同を得ることなどできないでしょう。

ただ、能登半島地震のその後の展開を見ると、やはり半島で起こった地震の難しさを感じさせます。

被害の大きかった珠洲市、輪島市の中心部ではなかなか瓦礫の運び出しが進みません。

もちろん、東日本大震災と比べれば進み具合は似たようなものなので、現場の努力が足りないなどと批判する気は毛頭ありません。

ですが、今回の被害状況を考えると運び出せさえすれば県内での処理も可能ですから、やはり背骨のように通った「のと里山海道」のダメージの大きさを感じざるを得ません。7月の中旬に上下線の通行が可能となり、今後は復興が進むことが期待されています。よく、「この地震による被害が大きいのは備えが足らなかったからだ」という声を聞きます。

政権に批判的ないわゆるリベラルの側からそうした意見が出てきていますが、それこそかつて民主党政権時代に「コンクリートから人へ」のスローガンの元、地方のインフラ整備費を削って、その予算を子ども手当[*15]などの給付に回そうとしたのを覚えていらっしゃらないのでしょうか?

これで雇用などへの予算が大幅に増えていたのであればいいのですが、そうではなく緊縮財政の言い訳のように使われてしまいました。

---

*15　民主党政権下の2010年からの2年間、支給された15歳以下の子どもをもつ保護者に対して支給された手当。

その後、消費税増税を含む税と社会保障の一体改革に至るまで、財務省の意向に沿った経済政策を行ってきたわけで、今更インフラ整備の不備を言い募るのは現場からすれば「どの口が言う?」といったものでしょう。

今回の復興に関しても、財務省は「費用対効果を重視する」と言って予算を絞ろうとします。

それを意識してかどうかわかりませんが、岸田政権の対応は、これまでの大きな地震では成立していた補正予算ではなく、当初予算の予備費で対応するとしています。

予備費であっても機動的な支出が可能で、足らざるところを補えるのであればいいのですが、どうも現場の予算繰りはそうはなっていないようです。

予算の計画、執行を経験したことのある行政官やそのOBは皆、「予備費は使い勝手が悪い」と口々に言います。使い勝手が悪いだけに、執行が遅れたり初めから現場サイドが諦めて別でヤリクリしてくれたりすれば、国・財務省にとってはラッキー。その程度でやっているのであれば、能登人たちは「見捨てられた」と思っても仕方がありません。

この能登半島地震で思い知らされたのは、道路インフラの整備・維持がのちの復興をも左右するという厳然たる事実です。これらの整備は1990年代から2000年代に「ばら撒きだ！」「無駄な公共事業だ！」「立派な道路に鹿しかいない！」などと揶揄され、予算を削りに削られた部分。政・官・財の癒着の典型例として蛇蝎《だかつ》の如く嫌われ、ニュースやワイドショーでさんざん叩かれていたことを私も幼少期から見てきました。

それゆえ、土木建設業や公共事業そのものに刷り込まれた嫌悪感を持つ人もいるのかもしれませんが、ひとたび災害が起こった時に特に応急処置で力を発揮するのは地域の特性を知り尽くした地元の土木建設業の方々です。普段から除雪作業をしたり、崩れた路肩を整備したりして、地形データが頭の中に叩き込まれているような頼もしい人たち。彼ら、彼女らのプロフェッショナルな無形財産に対して、我々はリスペクトしていたでしょうか？　もちろん、そこにつけ過ぎた予算もあったのかもしれません。しかし、あまりに削り過ぎて生業として立ちゆかなくなった結果、廃業していった土木建設業者も数多く、仕事がないとなると周辺産業も含めてなくなっていきます。今回の能登半島地震の道路復旧では、この周辺産業の廃業も響きました。

土木建設業者が足りないのみならず、実際に道路を復旧させようとしてもアスファルトや生コンクリートのプラントが半島内に数カ所しかなく、それも被災して使えないとなるとアスファルト・生コンの調達がストップ。結果、道路復旧がままならないという事態に陥っていました。

アスファルトは高温では柔らかくなり加工が可能ですが、冷えると固まる性質がありま す。原則、出荷から90分以内の輸送が求められますし、発災当初のような冬季はより冷えるのが早いのでより迅速な輸送が求められます。生コンもＪＩＳ規格により製造から90分以内に荷下ろし地点に到着することが定められていて、両方とも生もののような取り扱いが求められるのです。プラントが近くにあれば余裕を持って運べますが、半島内に数カ所となると、プラントから遠ければ遠いほど復旧作業が難しくなります。

そうなると、道路復旧はアスファルトや生コンを用いたものではなく、土砂で空いた穴やアスファルトの亀裂を埋めて処置することになります。これは、復旧当初は踏み固められていても時間の経過とともに雨や雪の浸食を受け、ぬかるみやすくなります。しばらくするとまた復旧作業することを余儀なくされ、交通インフラは安定を欠くことになってしまいます。

これは一つの例ですが、そうした反省もなく、費用対効果を重視すると言われると、この災害から何を教訓としているのか甚《はなは》だ疑問に感じるところです。平時ならギリギリでやっていればなんとか回ったかもしれませんが、こうした有事の際にはあっという間に余裕がなくなり、にっちもさっちもいかなくなってしまいます。

費用対効果一辺倒では、「もしもの備え」はできない

このような、平時には無駄とも見える冗長性をシステムの中にどれだけ組み込んでおくのか？　そのコストを社会全体としてどこまで許容するのか？　**費用対効果もいいですが、今後の復旧復興には地域全体のリデザインが必要となるはずです。ここを飛ばしてとにかく予算を抑えることだけを言っていていいのでしょうか？**

能登半島にある「のと鉄道」という第三セクターの鉄道は以前、半島最東端の珠洲市まで列車を走らせていました。もともとあった国鉄七尾線を引き継いで、七尾から能登半島を北上し、穴水から輪島に至る路線と、国鉄能登線を引き継いだ穴水～蛸島《たこじま》（珠洲市）の2つの路線が存在しました。

しかし、自動車の普及による交通環境の変化や経営難により営業線は七尾から穴水までとなりました。第三セクターということで行政から資金も入っていましたが、赤字となって減便に次ぐ減便、利便性が悪くなればますます客足が遠のくという悪循環に陥り、不採算路線の維持が難しくなってしまったのです。

今、全国のローカル線だけでなく首都圏や関西圏などの都市圏周縁でも交通インフラをどう維持するのかが問題になっています。この議論になると、どうしても、路線を廃止しようとする鉄道会社が横暴ではないか、路線を維持せよという、会社の採算と利用客の利便性の二項対立で語られがちです。鉄道にはファンも多く、ファンは経営状況や地域交通の現状など関係なしに思いで語りますからどうしてもそうなりがちです。

のと鉄道七尾線・穴水駅
写真：時事

かくいう私も鉄道ファンの一人ですから、個人的な思いとしては鉄路を維持してもらって、のんびりとした鉄道旅をこの先も味わっていきたいと思っています。青いモケット（座面の敷布）のクロスシート（いわゆるボックスシート、2人ずつ向かい合う席）の窓際に座って壁にもたれかかり、開け放った窓からの風と土や潮の香りを感じながら、缶ビールか地酒のカップ酒をちびりちびりと呑んでいく。移り変わる車窓を眺めるうちについウトウト、ディーゼルのけたたましい咆哮《ほうこう》すら子守歌のように聞こえてくる……。「あぁ、古き良き汽車旅ですねぇ」と、ノスタルジーに浸れるような幸せな時はそう長くは続かないかもしれません。

鉄道会社というと私鉄であれば地域の名門企業であり、国鉄を引き継いだＪＲ各社も大企業。当然儲かっているんだろう、というイメージがあるかもしれません。中には、「利益を追求しているのだから、利用者への還元として鉄道を続けるべきだ。エキナカだ、不動産開発だと本業以外にうつつを抜かすな！」という向きもあります。

しかしながら、**放っておけばお客さんが乗ってくれて儲かるというかつてのビジネスモデルはもはやなくなってしまっています。** 阪急の総帥、小林一三《いちぞう》が生み出したとされる、郊外に住宅団地を整備して都心までの通勤電車を走らせ、都心のターミナル駅には直結の百貨店を開いて買い物需要に応える。休日は電車に乗って電鉄会社が経営する遊園地に行き、余暇を楽しむという、生活丸抱えのビジネスモデル。鉄道経営から不動産、流通、遊園地などなど、事業はどんどん派生していき、一種の多角化経営の走りでもありました。

各地の中核都市に人が集まっていく中で、各地の私鉄は大なり小なりこうした事業複合型で利益を出していきました。一方国鉄は本業以外で利益を出すのが難しく、地方ローカル線の負担が徐々に全体を蝕んでいきました。巨額の赤字が問題になり、ついには分割・

民営化となったわけです。

この時、**一定以上の赤字を計上していた地方ローカル線は廃止しバスに転換するか、第三セクターに事業を引き継ぐかの二択を突きつけられます。**「のと鉄道」などはこの時に国鉄から路線を引き継いだものです。赤字路線を切り離し、それまでの負債は国鉄清算事業団に引き渡していますから、国鉄の大半を引き継いだJR各社の経営はある程度安定すると思われていました。大都市圏を抱える本州3社は十分な需要が見込まれましたし、鉄道経営そのものには不安が残る俗に三島《さんとう》会社と呼ばれたJR北海道、JR九州、JR四国と貨物輸送を担ったJR貨物には経営安定化基金を持たせ、その運用益で収益を補えば安定するという見通しだったのです。

しかし、**その後のバブル崩壊や少子化により経営基盤は徐々に蝕まれ、特に三島会社や第三セクターでは災害によって鉄路に深刻なダメージを受けた際に再起不能に陥るケースが出てきました。**2005年の台風14号被害で復旧を断念した宮崎県の高千穂鉄道や2015年1月の高波で路線の大半が被災し、鵡川《むかわ》から様似《さまに》までの116キロ余りの復旧を断念したJR北海道の日高本線などがその例です。

こうした鉄道が廃線になるとき、その役割を引き継ぐのが路線バスですが、これも現在非常に厳しい状況に置かれています。東京都市大学の西山敏樹准教授によれば、全国のバス路線のうち、赤字は実に99・6%。本業ではまったく利益が出ず、何らかの補塡を受けてようやく成り立つ事業ということになります。鉄道会社傘下であればそこからの補塡、あるいは自治体からの補塡に頼ることになりますが、コロナ禍で鉄道サイドも収入が激減。

さらに2024年から運輸にかかわる人々にも働き方改革に伴う残業規制などが入るようになり、担い手の減少とともに減便や廃止する路線が増えています。そもそも自動車の保有台数が一家に1台から一人に1台になっている地方部では、公共交通機関のユーザーは車を運転できない学生と高齢者に偏っていて、いずれも大きな収入にはなりづらい人たちです。

とはいえこのままでは、車を運転できるうちは不自由がなくとも何かあったら一気に交通弱者となり、移動の自由が制限される社会になってしまいます。今までは交通事業者の心意気で維持してきたものが、厳しくなってきているのです。ここで収益改善のために値上げすればいいという意見も聞こえてきそうですが、先に挙げた通り主な客層は可処分所得のさほど大きくない層ですから、値上げをそのまま吸収できるか、不安なところです。

いざ値上げとなれば歩きや自転車などの別の選択肢を選択したり、外出の頻度を下げたりすることで対応しようとするかもしれません。学生は費用を比較検討して自宅からの通学を諦め、下宿を選択するようになるかもしれません。結果として、値上げした分だけ客が減り、ますます収支が悪化する可能性も十分に考えられます。

では、利用したい時だけ呼ぶタクシーはどうでしょう？　こちらも課題なしとは言えません。地域交通の重要な担い手の一つではありますが、こちらもドライバーの高齢化、人手不足が深刻で、特にコロナ禍で引退したドライバーも多く、コロナから立ち直ったというのに車はあれども運転する人がいないので呼べども来ないという現象が起きているようです。こちらも、利用するのは高齢者の通院などが多く、おいそれと値上げを受け入れるような経済環境ではないのが現実です。

災害に強い社会を作るために

これまで鉄道・バス・タクシーは、それぞれ個別の事業者の責任で維持されてきました。人口が多く、平均年齢も若いうちは成り立っていたものが今、急速に制度疲労を起こしています。もはや、それぞれの自助努力ではどうにもならないところにまで追い込まれているのをどう立て直していくのか？　今までのような、それぞれバラバラだったビジネスの視点から考えるのではなく、地域全体をどうデザインしていくかの中で公共交通機関の役割とは一体何なのかを考えるべきなのではないか？　所管の国土交通省の、「地域の公共交通リ・デザイン実現会議」で様々なアイディアが出されています。路線バスやスクールバス、病院や福祉施設の送迎バスなど、今まで機能別に分かれていたものを一本化して混載可能にすることや自家用有償旅客輸送の機能拡充、担い手の多様化を進めること、データを活用して新たな路線構築を会社ごとではなく町全体としてやっていくことなどなど、先進事例も紹介されています。その中で地方都市では既存インフラの使い倒し（機能拡充した上での徹底活用）が言われ、鉄道は都市間輸送などがメインの仕事になっていくのかもしれません。

ただ、宇都宮市で新たにＬＲＴ（ライトレール）と呼ばれる路面電車が走り出したように、都市の需要に沿った低コストの鉄道を新たに開業させる試みも出始めています。これも、富山市などでＬＲＴを中心とする都市部の再整備が行われた先進事例があったからこそできたこと。能登の復興も、こうした公共交通機関のリデザインも含めた提案があってもいいのかもしれません。

能登半島地震から半年で再び取材に入りましたが、ようやく公費解体が始まったところ。輪島市で「美喜寿司」というすし店を営んでいた松野克樹さんは「復興じゃない。まだ復旧すらできていない」と仰っていましたが、それでも公費解体の順番待ちをしながら仮店舗や屋台村などでの営業再開を模索していました。

珠洲市では発災直後に取材をした「いろは書店」の八木淳成さんに再会しました。発災直後に会った時には、地震でつぶれた店舗1階部分を前に「これから街が生まれ変わるなんて、ワクワクしかないっすよ！」と明るく話してくれていました。

半年後に再訪した際には、元々あった店舗のはす向かいの車庫を借りて仮店舗として営業を再開。これから店舗の公費解体をするというタイミングでしたが、「アメリカのビル解体みたいに爆破したら面白いと思って市役所の人に言ったんだけど、ぶっ飛び過ぎって言われちゃったんだよねぇ」と明るく話してくれました。

被災地からのレポートというと、どうしても困っている人、傷ついている人をクローズアップしがちですが、現地では様々なアイディアを手に前向きに立ち上がろうとしている人もたくさんいます。こうした人たちにこそ光を当て、街が生まれ変わっていくのを紹介するのもまたメディアの仕事なのでしょう。

第5章

誇張なしに事実を伝えることはできるか

「誤解」が命にかかわる仕事

２００４年にニッポン放送に入社して、今年２０２４年で丸二十年になりました。

そもそもアナウンサーの志望理由がスポーツ実況をしてみたいというものだったので、放送局の違い、ラジオとテレビ、その他報道機関の違いなどを考えずに就職活動をしていました。今から考えれば業界研究も碌《ろく》にせずに不真面目な野郎ですね。

入社後、一通りの研修を終えて配属されたのが制作部。スポーツ番組ではなく一般の番組を制作する部署に配属され、そこからずっとバラエティー番組や今担当するニュース・報道系の仕事をしています。

現場で思い知ったのは、ラジオの機動力の高さと災害においての役割の大きさでした。

地震や台風などの豪雨災害、大雪に大規模停電などなど、様々な突発事態に直面し、腕はなくとも時間は有り余っていた駆け出しの私は、上司・先輩に言われるがまま西へ東へ取材・中継レポートに行きました。

基本的には自分一人で現場に行き、携帯電話1本で中継していました。ラジオの中継はテレビと違って音声を放送に乗せればいいので、大きな機材は必要ありません。今もそうですが、最も簡素な中継方法は携帯電話を使ってスタジオとの間で「通話」をするというものです。駆け出しの私には不安でもあり、チャンスでもあり、走りながら考え夢中でやっていましたが、先輩方の初動の速さ、機動力に驚いたものでした。

一方で、災害報道に対する責任感については、研修の時にある講師から、「天気予報は人の命がかかる情報だから、心して伝えろ」と言われました。普段の放送は人を傷つけたりしない限り、聞いている人の命がかかるようなことはまずありません。「放送は楽しく！」をモットーにしている人もいるくらいです。

しかし、天気予報や避難・災害に関する情報はそういうわけにはいきません。ラジオは単4乾電池一つあれば聞けるメディア。災害の時は特に頼りにしていただいていますから、いざ災害となれば特番体制で対応します。

前述の通り、私も駆け出しの頃から現場に行って取材し、レポートをしました。**音声のみのメディアですから、誇張なく、しかし聞いている人の印象に残る言葉をどう使うのかも重要です。**

忘れもしない、今から20年ほど前の新入社員の時、台風接近で本社近くの日比谷交差点が冠水した時に現場で取材し、目の前の情景を、

「日比谷交差点は海になりました！」

とレポートしたのですが、

「どこが海になっているんだ！　リスナーが誤解するだろ！」

と、大目玉を食いました。

たしかに冠水はしていましたが、深さは足首ほど。まさしくこれは誇張に過ぎず、今思えば自分の表現をリスナーに印象づけようと言う稚気《ちき》に走った私の黒歴史です。

これを「ただの言葉選びの失敗じゃないか」と言うなかれ。音声のみのメディアでありながら災害の際に頼りにしてもらえるのは、ひとえに先人たちが積み重ねてきた信頼がなせるものです。誇張してレポートすることは、その信頼感を根底から覆してしまうかもしれないものですから、まったくもって不適切でした。

最近は毎年のように豪雨災害が発生しています。担当している朝の番組「飯田浩司のOK! Cozy up!」でも、私自身が取材しに行くこともあれば、同僚のアナウンサーや記者が取材し、レポートしてくれることもありました。2023年7月14日から16日にかけて発生した秋田豪雨もその一つで、被害を同僚の新行市佳《しんぎょういちか》アナウンサーが取材しました。

短時間に大量の雨が降ったことにより排水が上手くいかなくなって下水道から水が逆流し、近くに川などがなくてもあたり一面水浸しになってしまう内水氾濫《はんらん》の様子や農作物被害など、帰ってきてその様子をレポートしてくれましたが、放送を離れたオフトークでは、「現場で自分が何をしたらいいのかわからなくなった」と言っていました。「被害の現状を取材することよりも、畳一枚、泥をひとかきでも手伝った方がよほど助けになるのではないか？　話を聞くだけで本当にいいのか？」と自問自答したとのことです。人として真っ当な疑問だと思います。

一方で、我々メディアが伝えなければ置き去りにされてしまうことや、誤解されたまま放置されてしまうことも多いわけです。

徒《いたずら》に危険を冒すことや現地のリソースを取材のために使ってしまうこと、捏造《ねつぞう》や誇張は論外ですが、将来への対策のために「今起きていること」を伝える意義はあると思います。

いざという時、情報は頼りになるのか

2014年の広島・安佐南区の土砂災害の現場では、建物の1階が土砂で完全に抜かれてしまっている家々を見ました。

豪雨災害は〝山津波〟のような破壊をもたらしたのです。

その一方で、道一つの違いでまったく無傷で残る家もありました。その違いは本当に運のよしあしとしか言いようがありません。

また、ハザードマップ（自然災害の被害予測からその被害範囲をまとめた地図）と照らし合わせるとその想定通りに被害が発生しているところもあれば、そうでないところに被害が集中しているところもありました。現場を歩くと、少し離れたところにある石垣で土石流の方向が変わっていたり、川の合流地点で一方の支流からの流れが強過ぎて対岸に土石流が押し寄せたりと、人間の想定をはるかに超えていく自然の力の恐ろしさを思い知りました。

“山津波”ともいうべき甚大な被害をもたらした広島県安佐南区・土砂災害の現場

ただ、地元の方に話を聞くと、安佐南区八木地区の八木3丁目あたりはその昔「蛇落地悪谷《じゃらくじあしだに》」と呼ばれていたことなどに触れつつ「このあたりは昔から土砂災害に要注意だったんだ」と話してくれました。安佐南区のあたりは広島都市圏のベッドタウンとしての側面を持ちます。たしかに、新しい住宅が集まる一角や住宅団地がある一方、地元に昔からお住まいであろう庭つきのお宅があったりと、町全体がまだら模様のようになっていました。まさに「災害は忘れたころにやってくる」で、先人たちの言い伝えが地名の変更等もあり忘れられた頃に、この土砂災害が発生したことがわかります。

豪雨による鬼怒川決壊で泥水が流れ込む国道294号線
写真：時事

翌15年の鬼怒川《きぬがわ》の氾濫では茨城県常総市に入りましたが、こちらは堤防が決壊して市内が広範囲に水に浸かってしまいました。

氾濫当日、現場となった常総市付近でも大量に雨は降りましたが、それでも観測史上最高の雨量を更新するほどには降りませんでした。その意味では、想定の範囲内だったわけです。

しかし、鬼怒川の上流域での降水量は想定をはるかに超えていました。たとえば、日光市の五十里《いかり》では24時間雨量が当時の過去最高の数値３１１ミリの約１・８倍に上る５５１ミリに達しました。その他上流の観測点では軒並み過去最高を更新する大雨をもたらしていて、これらによって鬼怒川の流量の限界を超えたといわれています（国土交通省関東地方整備局「『平成27年9月関東・東北豪雨』の鬼怒川における洪水被害等について」による）。

地元の建設業者の方に取材をしたところ、那須塩原のあたりに大雨が降ると水戸あたりが、そして日光あたりに大雨が降るとこのあたりに大水《おおみず》（大雨などの影響で川や湖の水があふれ、陸地に流れ出る現象）が来ると昔から言われていたそうです。まさに、この2015年豪雨の際は、どんぴしゃりで日光に大雨が降っていました。

この例からも、昔の人の言い伝えはおろそかにできないと感じます。

また、東日本大震災の現場を取材しても、1960年のチリ地震津波[*16]や1933年の昭和三陸地震[*17]、1896年の明治三陸地震[*18]の際の津波の記録や、ここまで津波が押し寄

---

*16　1960年3月、南アメリカのチリで発生した、20世紀最大の地震。マグニチュードは9・5。

*17　1933年3月、東北地方の三陸沖で発生した地震。津波による災害は、高いところで28メートルとなった。マグニチュードは8・1。

*18　1896年6月、東北地方の三陸沖で発生した地震。三陸沿岸を大津波が襲うなど、我が国において史上最大規模の被害を残した。

せたことを示す石碑の数々を前に、「今度こそ教訓を残すんだ」と話す語り部の姿を幾度となく見てきました。

東日本大震災で新たに建った石碑には、生き残った人たちの無念が刻まれています。**これだけネットが発達し、情報への多様なアクセスが可能になっても、最後にモノを言うのは過去からの言い伝えであるというのは、皮肉であると同時に我々メディアの人間に何ができるのかを暗示しているようにも思えます。**「ハザードマップを見てください」という注意喚起だけでなく、地元を知ることの大切さを伝えることもできるのではないか？　それも、ラジオのような機動力があって身近なメディアほど、そうしたローカルな情報を盛り込むことが可能なのではないか？　そう思います。

アナウンサーになって20年。前半の10年の大半を中継レポーターとして過ごしました。お店にお邪魔して地元の話やウリとなる商品を聞いていくコーナーや、リスナーの皆さんに中継現場に集まってもらって地元の話を聞きながらじゃんけん大会。勝った人に賞金を差し上げます！　といった人集め中継などなど……。コーナーの中身の段取りはだいたい決まっているので、毎日違う中継にしようとすると、その現場がどんな場所なのかというのがポイントになってきます。それこそ、土地土地の歴史を知り、紹介するいい機会だったんですね。中継の際に調べていたこと、集まったリスナーさんから聞いた話、見ていた風景などが、今スタジオで気象情報を伝える時にも役立っています。

土地を知るということは、今すぐにできる災害対策です。もちろん、地元に古くから住む人の言い伝えなどを聞くことができればいいのですが、なかなか地域のコミュニティへのアクセスが難しい場合であっても、たとえば、どんなに小さな市町村でも、図書館や公民館はあるでしょう。そういったところで郷土史を伝える資料や古い地図を見ると、ヒントが色々残っています。地名で言えば、私が新人時代に失敗した、冠水した交差点の名前は「日比谷」でした。〝谷〟という字が示す通り、周りに比べて落ち窪んで水が溜まりやすい地形だったことを名前が表していたのです。

皆さんも、近所を散歩してみると古い石碑などを見かけるかもしれません。そのいわれを知ると、過去の災害を示すものかもしれません。こうした方法で地元を知ることができます。知識は身を助くのです。

台風制御の現場から

しかし、科学は着実に進歩をしているはずなのに、どうして被害は繰り返されてしまうのでしょうか？　そんな疑問から、台風研究を被害軽減に役立てることができないか、台風制御のプロジェクトを立ち上げた研究者と、母校の縁で知り合いました。

私の母校は横浜国立大学。私自身は経営学部出身なので理系の分野にはとても疎いのですが、戦前の横浜高等工業学校時代から造船や海洋研究などの分野で評価が高く、理工学部も各分野で高い成果を収めています。

その中で、２０２１年台風科学技術研究センター（ＴＲＣ）が開設されました。中心は教育学部教授でＴＲＣセンター長の筆保《ふでやす》弘徳氏。筆保センター長の講演を聞いたりインタビューしたりする中で、その取り組みに興味を惹かれました。

そもそも、**ＴＲＣとは、横浜国大内の総合学術高等研究院に設けられた【日本で最初の】台風専門研究機関**（ホームページでも日本で最初というところが強調されていましたので、本書もそれに合わせました）。

〈日本全国の台風研究者と、電気化学・船舶工学・法学・経済経営学という本学（横浜国大）の特色ある研究が研究目標を共有して協働するとともに、先端科学高等研究院のユニットや他の先進技術研究センターとも連携を図りながら、新たな台風に関する学術領域開拓と新技術の社会実装を加速する研究拠点〉とのこと。

そして、ここでの研究をまとめる4つの〝貢献〟というキーワードがあります。

①台風災害リスクの低減による「安全・安心で活力ある活き活きとした持続可能的な社会実現への貢献」
②新しい再生可能エネルギーの創出による「脱炭素社会への貢献」
③台風イノベーションによる「技術大国日本の復活に貢献」
④産学シームレスでの研究による「世界で戦える人材育成に貢献」

以上が挙げられています。

台風というと気象の一現象として捉えがちですが、この国に住んでいる以上避けては通れないものであり、おそらく有史以来付き合ってきたものですから、気象以外にも様々な分野からの研究が可能です。その莫大なパワーは再生可能エネルギーへ変換すれば有用ですし（②）、データ観測のための船を出すにも船舶工学が必要になってくる（③のイノベーション分野）。被害想定のシミュレーションはそのまま保険数理の分野となり（①のリスク評価や低減）、事前防災や事後の復興にかかわる法整備などは法学の範疇《はんちゅう》（①の安全・安心で活力ある活き活きとした持続可能的な社会実現への貢献）などなど、ここでは台風に関する様々な学際的な研究が行われています。最終的に、どの分野を研究していてもここに来れば④の世界で戦える人材が育つ。そんな存在にしていきたいという意気込みを横浜国大の梅原出《いずる》学長からも聞きました。

そんなTRCのセンター長を務めるのが、筆保教授。彼の専門は台風の制御です。横浜市保土ヶ谷区の丘の上、私自身も学生時代はヒーヒー言いながら通ったキャンパスの研究室で、文系の私でも理解できるように、それはそれはわかりやすく掻い摘んで研究内容を紹介してくれました。

そもそも、台風が近年その勢力を強めているのは、海面からの水蒸気が増えて台風が巨大化、強力化しているから。ならば、**海面の水温を下げることで蒸発する水蒸気量を減少させ、台風の勢力を削ぐことはできないか？　と考えたのが研究のきっかけ**だったそうです。

ただ、これは理論としてはあり得るが、今までは比較検討のしようがなく、是か非かの検証が難しかったのです。なぜなら、何もしない台風と介入した台風（この場合は海面の水温を低くした状態で発達した台風）の2つを用意することが難しかった、というかまったく条件の同じ台風を2つ用意することそのものが自然を前にしては無理だったからです。

しかし、近年のスーパーコンピューターの進歩により、コンピューター上のモデルを使

図6　海洋温度差発電の仕組み

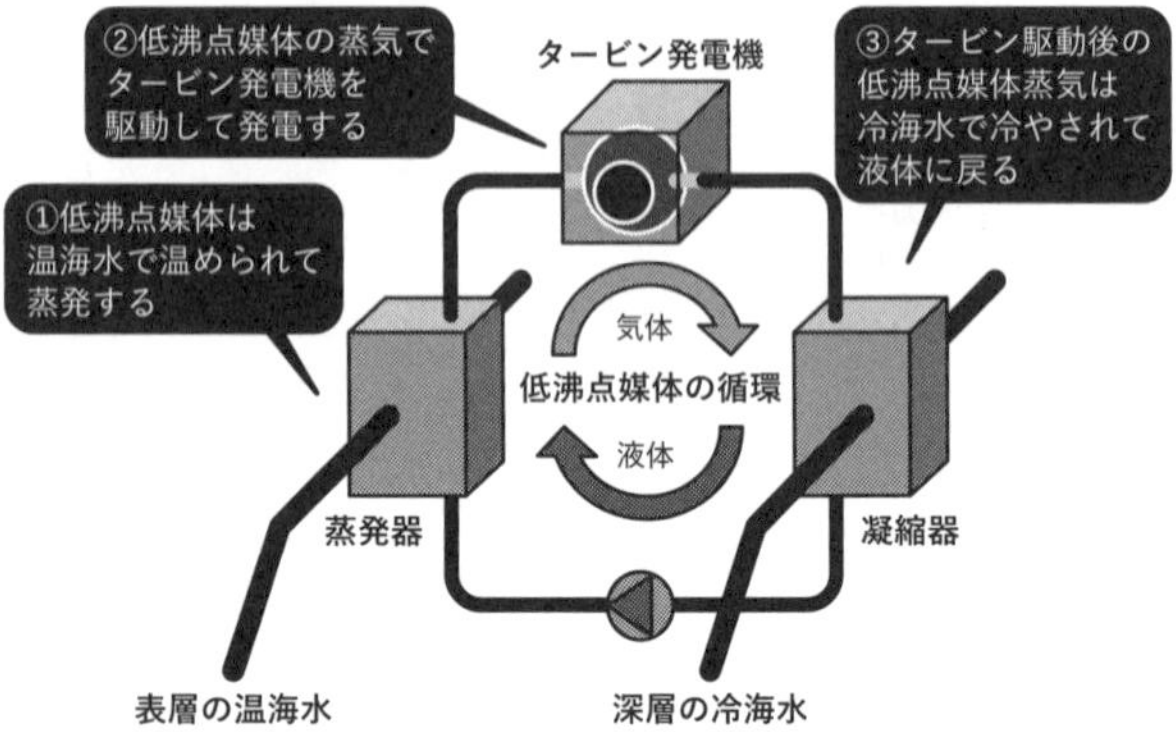
②低沸点媒体の蒸気でタービン発電機を駆動して発電する
タービン発電機
③タービン駆動後の低沸点媒体蒸気は冷海水で冷やされて液体に戻る
①低沸点媒体は温海水で温められて蒸発する
気体
低沸点媒体の循環
液体
蒸発器
凝縮器
表層の温海水
深層の冷海水

政府広報オンラインの図を基に、SBクリエイティブが作成

っての検証が可能になりました。

しかし、今度は海面水温をどのように低減させればいいのでしょう？　沸かしたポットのお湯を冷ますのなら氷を入れればいいのですが、広大な大海原でそんなことはできません。しかし、ここでもイノベーションが海面水温低減に一役買いました。海洋温度差発電の応用です。

海洋温度差発電とは、冷たい深層海水と暖かい表層海水の熱交換によってタービンを回し発電する仕組みです。その際にわずかではありますが表層海水が冷えるので、この温度差発電をどれだけの面積で行えば台風の勢力低減に有意なのかを検証することができます。

問題は、海洋温度差発電で得られる電力を売却した利益や台風被害の低減による利得をどう数値化すれば事業として成り立つか。電力売却は直接利益に貢献しますが、被害低減に関しては具体的な被害低減金額をもって国や自治体、保険会社等から利得を引き出す必要があります。おそらく、研究への補助金などの名目になるでしょうが、持続可能な研究、さらに台風制御を社会実装するためにはビジネスとして成功することが大切です。ＴＲＣの特徴の一つに、研究を研究だけで終わらせずにどうやって社会実装まで持っていくかを考えることがあります。

ＴＲＣでは他に、台風の持つ風のエネルギーを使ってなんとか発電できないかという研究もしています。しかし、風速25ｍ／ｓをはるかに超える風が吹き荒れる中で、既存の風力発電機では到底耐え切れずプロペラが折れるなどの被害が出てしまいます。そこで利用するのが、帆船の技術。台風の後ろ側から取りついて、その風のエネルギーを利用して船を動かします。その船の喫水線（水面に接する分界線）に取りつけたプロペラを船の進む力で回せば発電機となります。船に積んだ蓄電池にそれを貯めておいて、台風が去ったのちに帰港し、貯めた電力を送電するか、あるいはその電気を使って電動輸送船として働くことができます。これも、社会実装という意味ではまだまだ課題はたくさんあって、まず高効率大容量の蓄電池がなくては話になりません。

また、台風の風を捉えながら安定するような帆船をどう作るのか？　帆船を動かすことにエネルギーを使ってどれだけ台風の勢力を制御できるのか？　検証すべきことはたくさんありますが、あの莫大なエネルギーをポジティブな方向に転換できるのであれば、台風に対する見方もずいぶんと変わってくる気がします。何より、夢のある話ではないですか！

他にも、**台風の風や雨雲が実際にどう動いているのかは依然としてわからない部分があります。それらを観測しようと、航空機で台風の目まで飛んでいき、台風の中心付近でドロップゾンデと呼ばれるセンサーと無線機を搭載した測定器をばら撒き、大気の温度、湿度、気圧及びＧＰＳ情報といったデータを取るという研究も行われています。**今は有人飛行ですからそれなりのリスクを覚悟しながらの研究ですが、これも遠くない将来には無人航空機・ドローンを使っての観測ができるよう研究しているそうです。これは副センター長を務める坪木和久名古屋大学教授の研究ですが、ＴＲＣには日本各地の大学や研究施設、あるいは民間企業との兼務で来ている研究者も大勢いるようです。腕に覚えのある者たちが共通の目的のためだけに集まり、目的が達成されればまた各々の持ち場に戻る、さながら中国の古典『水滸伝《すいこでん》』に登場する梁山泊《りょうざんぱく》のような存在です。

図7　台風発電の仕組み

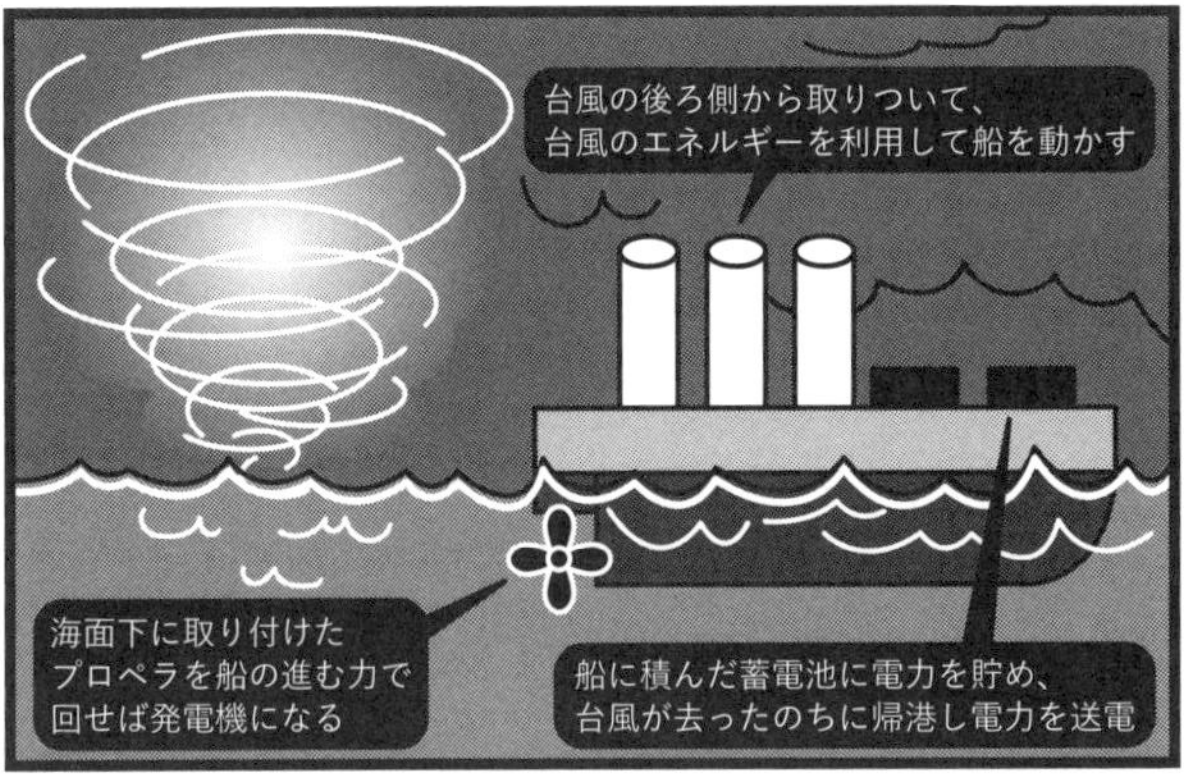
台風の後ろ側から取りついて、
台風のエネルギーを利用して船を動かす
海面下に取り付けた
プロペラを船の進む力で
回せば発電機になる
船に積んだ蓄電池に電力を貯め、
台風が去ったのちに帰港し電力を送電

　また、民間との協働でいえば、精緻な進路予測や被害予測を立てることができれば、あらかじめ進路上の被害が予想される地域で避難や財産の保全を進めることが可能になります。損害保険会社にとってこれほどありがたいことはありません。国や自治体にとっても、起きてしまってから被害額を算出し復興予算を策定するより、減災に予算を充てた方が人命や財産を守ることができて一石二鳥です。

　毎年、初夏から秋まで毎週のように目にしている台風ですが、事程左様にわかっていないことだらけ。研究のし甲斐があると筆保教授は言います。一方で、研究だけでは敗北感を味わってきたとも語りました。

「台風の研究をしていると、時折メカニズムが解明されたりするんです。その後、実際に台風が日本に来て動きを見ていると理論通りだったりする。あぁ、自分の研究は上手くいっているなと思うんですが、実際に被害を受けた現場に行くと人間のなすすべもない現実が見えてきます。復興に何年もかかるような大きな被害を受けています。研究と現実世界のギャップの中で、自分の研究は果たして役に立っているのだろうか？　今書いている論文が世界のどこと繫がっているのだろうか？　台風に対して敗北感すら感じていました」

そんな中で、ＴＲＣの話が舞い込みます。筆保教授はＴＲＣの理念、特に社会実装という部分に意義を見出していました。

「ここで台風の研究者や、台風や気象のバックグラウンドを持たない研究者の方々と一緒に手を取り合って、今までできなかった研究ができる、もっと効果的な台風対策を取れる、社会に根づいた貢献ができるかもしれない。台風に対する敗北感や無力感は、今は使命感に変わっています」

藤子・Ｆ・不二雄作の漫画『ドラえもん』では「22世紀の世界は台風なんて消せるから被害もないんだ」と言っていましたが、筆保氏は本気でそんな未来が来ることを信じています。信じているだけでなく、どうすればその未来を迎えられるかを考え、進むべき道を自ら整備していきます。TRCもそのための道具という認識です。

「自分たちはあと10年、20年で研究の一線から退いていきます。その時に台風制御がすべて軌道に乗るとは考えていません。自分たちの蒔いた種が芽を出し、花を咲かせ、太い幹になっていくには加えてもう10年、20年とかかることでしょう。おそらく、自分たちは台風が制御できる世界には生きていないと思います。でも、志を継いだ未来の研究者たちがその時までバトンを引き継いでくれていたら、いつかきっと成功するでしょう」

確信を持った眼でそう語ってくれたのが印象に残っています。**今の成功を追い求めるのではなく、次代、次々代に何を遺すか、研究者の矜持《きょうじ》を見た思いがしました。**

共同体のために、それぞれの持ち場で働く

我々がそれぞれの持ち場で具体的に何を遺すのかを考えた時、この国のポテンシャルが花開くことでしょう。これだけ個人主義が浸透した世の中においても、日本には自分のために働くよりも共同体のために働くことを評価する文化がまだ残っていると思います。何だかんだ言いながら、「プロジェクトX」が復活すればそこで必死に頑張る現場の人々の姿に感動し、WBCでは日の丸を背負った侍ジャパンの中で「今日だけは憧れるのをやめ

ましょう」とチームメイトを鼓舞する大谷翔平選手の姿に共感する。自分のためではなく、周りみんなのため、子や孫のため、他者を思いながら働く時、我々は物凄いパワーを発揮してきたのです。

近江《おうみ》商人[*19]は「三方良し」と言ったといわれます。客良し、店良し、世間良し。自分だけでなく、取引先だけでなく、この社会そのものにどう貢献するかが商売を決めるということです。

これは松井孝治京都市長からのまた聞きなのですが、大阪の商人の言葉に、「稼ぎがあって半人前、つとめができて半人前、合わせて一人前」という言葉もあるそうです。このつとめとは、人のため世の中のために一肌脱ぐこと。先人たちはすでに、自分の利害だけではダメだと知っていたんですね。

どの時代も、この日本という国は各々が自分たちのことよりも未来の祖国をそれぞれの立場で真剣に考えた時に道が拓けている。次の世代に何を遺すのか？　種となる取り組み

＊19　近江国（滋賀県）出身の商人。中世初期から活躍し、組織化して各地に進出。卓越した商才を持ち、成功者を多数輩出した。

やイノベーションはそこここに転がっているのだと思います。この章でご紹介したTRCの話もそのうちの一つに過ぎません。デフレで自分の「稼ぎ」で精一杯だったこの30年でしたが、それでも余裕のできた人から視野を広げて、「つとめ」の部分も担っていく。そこに様々なイノベーションが重なってきたとき、きっとこの国の魂が花開いていくことでしょう。どんな種があるのでしょうか？　それを知っているのは、現場にいるあなたなのだと思います。一緒に考えていきましょう。

第6章

表面的な理解の罠

食い違う「見出し」と「現実」

ニュースも、人のイメージ形成と同じく第一印象がその後の判断に影響を及ぼすことがあると考えています。なんといっても皆さん忙しいですから、詳しい行政文書などを読み込むことはよほど専門分野で利害関係がある場合を除けば到底できません。ニュース記事を読むのも興味が湧いたものだけで、たいていは見出しを読んで全体像をなんとなくイメージしていることが多いのではないでしょうか？

ところが、見出しと中身で微妙にニュアンスが異なる場合が結構あります。私の番組にコメンテーターとして出演するジャーナリストの中には新聞社で記者をされていた方が複数いらっしゃいます。この微妙なズレはどこから来るのか？　と聞くと、デスクが修正をかける場合もあるし、記者ではなく整理部が見出しをつけるのでそこでズレる場合もあると話してくれました。

こうしたズレには、意図してスピンをかける場合と意図せずやってしまう場合とがあるようですが、**受け手の側も見出しから受けたイメージでニュースを理解すると知らず知らずのうちにズレてしまうことがあります。**

図8　中国が設置したブイの場所

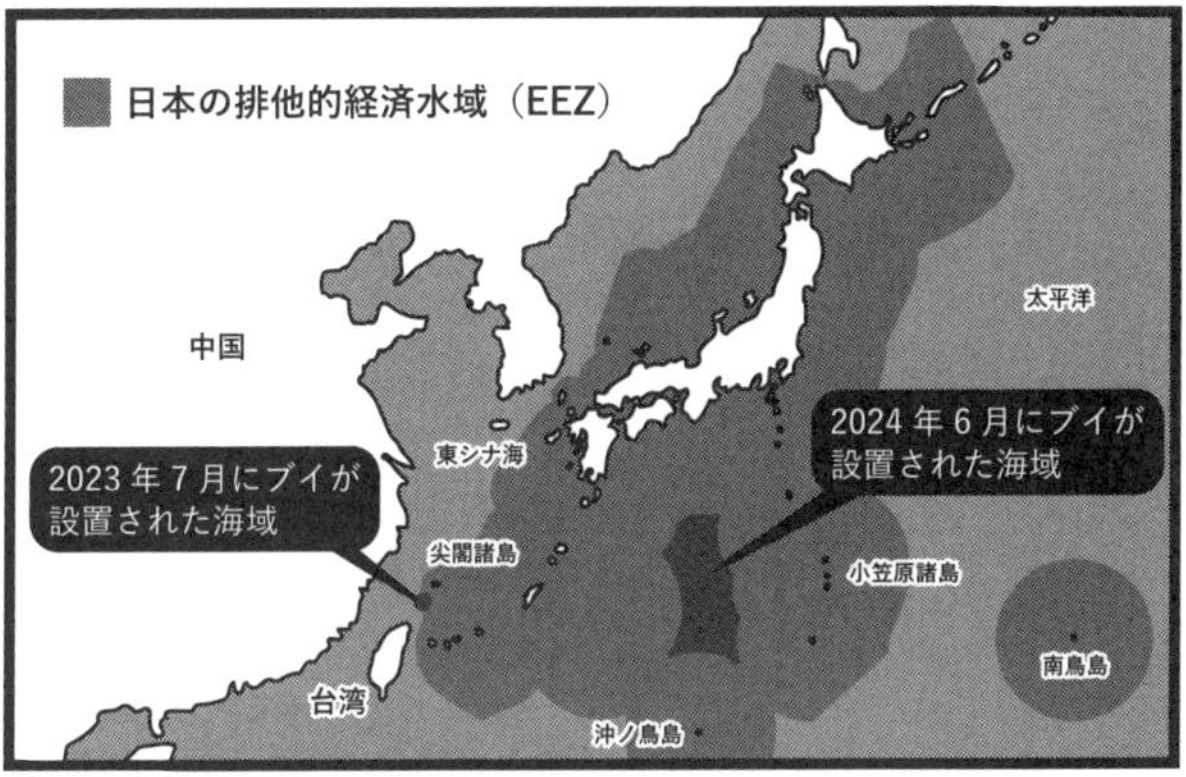

中国の巧妙な一手

２０２４年６月、中国が沖ノ鳥島の北方の日本の大陸棚（地理学上、大陸の縁辺部にある水深２００メートル程度まで続く緩やかに傾斜した海底）にあたる公海上にブイを設置したことが確認されました。

政府は「目的や計画を知らされないまま設置され遺憾《いかん》である」とし、情報収集・分析を続けるとしました。林官房長官は会見で、中国側からは「ブイは津波観測用で、日本が大陸棚に有する主権的権利を侵害するものではない」との説明があったことを明らかにしました。

新聞の記事にしてもテレビ・ラジオのニュースにしても紙幅・放送時間には限りがありますから、どうしてもこれくらいまでしか説明されませんが、これでは単純に「中国けしからん！」となるか、「何が問題なんだろう？」ぐらいでスルーされるかのどちらかになってしまいます。しかし、**そのどちらのイメージも実は違っていて、中国は巧妙な一手を打ってきているのです。**

基本的に今回ブイを設置した海域は公海ですから、どの国も自由に調査ができる海域です。ただし、ただの公海ではなく、「日本の大陸棚にあたる」という一文が挟まっていることが一つのポイントとなります。

２０１２年、国連の大陸棚限界委員会がここを日本の大陸棚として認定しています。大陸棚と認められると、上部水域に関しては調査等に日本の許可は必要ありませんが、海底探査や資源開発については日本の主権が認められるのです。したがって、今回設置されたブイも、**その目的が中国が言うように「津波の観測」であれば認めざるを得ませんが、仮に海底の調査や資源の探査を目的としていれば日本の主権的権利を脅かす大問題となります。**もちろん、主権を行使して撤去することだってできることになります。

ちなみに、同海域にはアメリカもブイを浮かべていますが、これは海洋調査用と明確になっていて、観測データも公開されています。

中国は、巧妙に国際法の抜け穴をついてくることに事程左様に長けています。これに対応していくためには、**相手が用いてくるロジックをしっかり理解した上でカウンターを打っていかないと相手にとっては痛くも痒くもなく、国内の世論だけが脊髄反射的に「中国けしからん」派と「とにかく話し合え」派に分断されてしまいかねません。**

日本政府は中国に対して弱腰なのか

中国が2023年7月に尖閣諸島周辺海域に設置した気象探査ブイについてもそうでした。

この年の秋の臨時国会で議論になったこの問題。11月1日の参議院予算委員会では日本維新の会の東徹《あずまとおる》氏が、日本の撤去要求を中国側が聞き入れないなら、実力で撤去すべきだと主張。上川陽子外相（当時）は、国際法に関連規定がないと答弁。慎重姿勢を示しました。

この中国のブイは、沖縄県石垣市の尖閣諸島魚釣島《うおつり》の北西約80キロにあり、日本の排他的経済水域（EEZ）[*20]に位置します。

＊20　ある国の沿岸から200カイリまでの、その国が独占的管轄権を行使できる水域。

一方、尖閣の領有権を主張する中国にとっては彼らの主張する権利が及ぶ海域にあたります。そもそも、日中ともに批准《ひじゅん》する国連海洋法条約ではEEZ内に構造物を設置する場合、沿岸国の同意が必要としています。もちろん、日本はこんなブイの設置に同意するはずもありませんから、れっきとした国際法違反であることは間違いありません。松野博一官房長官（当時）も9月19日の記者会見で「国連海洋法条約の関連規定に反する。速やかに外交ルートを通じて中国側に対して抗議し、ブイの即時撤去を求めた」と述べましたが、中国は一向に動きません。

こうした海上構造物の設置でいえば、中国は東シナ海のみならず、南シナ海においてもスカボロー礁に浮遊障壁を設置しましたが、フィリピン政府は9月末にこれを撤去しました。日本政府の撤去すらしない慎重姿勢とは対照的ですし、設置は7月なのに発表したのは9月になってからという後手後手の対応に、「なぜフィリピンは撤去し、日本は撤去しないのか？」と批判されています。

私も当初、岸田政権の弱腰ゆえかと疑いました。尖閣周辺での中国公船の相次ぐ接続水域・領海侵入や中国国内での邦人拘束などのニュースに触れていると、「今度は海上でも仕掛けてきたか！」と脊髄反射してしまいます。そして、これに対して「日本政府が撤去すらできないとは情けない！」とこれまた感情が刺激されるわけですが、関係者を取材してみるとちょっと事情が異なりました。**中国は巧妙な罠、「王手飛車取り戦略」を仕掛けてきているのかもしれない**というのです。

まず、日本の対応と比較されるフィリピンの事案ですが、現場のスカボロー礁は、中国も領土・領海を主張しています。しかし、2016年、オランダ・ハーグの常設仲裁裁判所は「中国が主張する主権や管轄権には、国際法上の根拠はない」と断じています。スカボロー礁に関して領有権判断はせず、島ではなく岩だとしたのです。それゆえ、フィリピンは自国領海内だとして浮遊障壁を撤去したわけですが、この判断を引用して日本が問題のブイを撤去した場合、中国はどういったカウンターを仕掛けてくるでしょうか？　たとえば、**「スカボロー礁が岩という判断を流用する以上、沖ノ鳥島も島ではなく岩だろう」と主張してきてもおかしくありません。**

沖ノ鳥島。水没を防止するため、護岸工事が行われている
写真：朝日新聞社／時事通信フォト

東京都小笠原諸島に属する沖ノ鳥島は日本の領土たる「島」でありますから、そこから領海12カイリ、さらにＥＥＺ２００カイリが認められています。ＥＥＺ内ではその水域にある生物や鉱物などの資源を調査、開発、保存する権利を日本が持つことができます。沖ノ鳥島の周辺海域は非常に漁業資源が豊富で漁場としても非常に有望な上、コバルトやマンガン（いずれも特殊鋼の材料等に使用されるレアメタル[*21]）など貴重な海洋鉱物があると考えられています。

さらに、周辺の表面海水の温度が年間を通して28度程度あり、深層の冷海水との温度差で発電する「海洋温度差発電」の適地とも考えられていますから、日本の国益にとって非常に重要な島であることがわかります。

一方、これに関して、中国は岩であると主張し約40万平方キロにも及ぶ日本のＥＥＺに疑問を呈しています。「島」と「岩」、漢字一字違いで大違いとはまさにこのことで、国連海洋法条約１２１条によれば、

１．島とは、自然に形成された陸地であって、水に囲まれ満潮時においても水面上にある

＊21　新しい構造材料・機能材料などに必要不可欠な、産出量の少ない金属。レアアース、ゲルマニウム、ニオブなど。

ものをいう。

3．人間の居住又は独自の経済的生活を維持することのできない岩は、排他的経済水域又は大陸棚を有しない。

（中略）

ということで、島であればそれは領土として認められ、12カイリの領海、さらにEEZや大陸棚を有することができますが、これが岩とされてしまうと領海12カイリは認められてもそれ以外の部分は公海となって資源探査や漁業活動の管轄権を失ってしまいます。そして、**問題の島と岩の区別についてはこの条文の解釈になるわけです。**

現在、沖ノ鳥島には船舶の監視や気象観測などを行う観測施設が整備されている他、政府は船舶の係留や停泊、荷捌きなどが可能になる港湾施設の整備を進める方針です。こうした施策で経済的生活を維持しているのだと解釈しているわけです。

我々からすれば尖閣のブイと沖ノ鳥島はまったく関係のない話ですが、フィリピンの事例をことさらに持ち出すとこれらを繋げてしまう危険性を孕むと関係者は話しました。外相の慎重姿勢もこれゆえかもしれません。

たしかに、このブイが設置されてから初めて開催された11月のG7外相会談後の声明の中で、中国に関しては「インド太平洋及びその地域」というパラグラフの次に、1項目立てて言及しています。その中で国連海洋法条約に関するところを探すと、

〈我々は、力又は威圧によるいかなる一方的な現状変更の試みにも強く反対しつつ、引き続き、東シナ海及び南シナ海における状況について深刻に懸念している。我々は、国連海洋法条約（UNCLOS）の普遍的かつ統一的な性格を改めて強調し、海洋における全ての活動を規律する法的枠組みを規定する上でのUNCLOSの重要な役割を再確認する〉

という記述がありました。まずは地域全体を包括して国連海洋法条約の役割に言及。中国のブイ設置についても国連海洋法条約上の関連規定に反しているということが念頭にあると読み取れます。

そして、声明はそのあとさらに続けて、

〈我々は、2016年7月12日の仲裁裁判所による仲裁判断が、仲裁手続の当事者を法的に拘束する重要なマイルストーンであり、当事者間の紛争を平和的に解決するための有用な基礎であることを改めて表明する〉

と、仲裁裁判所による仲裁判断の日時まで明記して、東シナ海・南シナ海における海洋法条約の役割と仲裁の判断とを分けて書いています。この一文は、フィリピンと中国の南

シナ海における問題に関しての記述であることを明確に切り分けているように読めます。非常に慎重に、仲裁裁判所の判断が南シナ海以外の地域に及ばないように作られた文章と見るのは考え過ぎでしょうか？

他方、今回のブイ設置が日中中間線の日本側にあったので問題であるという報道もありますが、海洋法の実務にも携わったある省庁関係者は「これはこれで問題だ」と指摘してくれました。というのも、この海域においてＥＥＺの境界線は確定しておらず、日中中間線は関連国際法に基づいて日本が提案したものに過ぎないからです。

すなわち、〈東シナ海をはさんで向かい合っている日中それぞれの領海基線の間の距離は400海里未満であるので、双方の200海里までの排他的経済水域及び大陸棚が重なり合う部分について、日中間の合意により境界を画定する必要がある。国連海洋法条約の関連規定及び国際判例に照らせば、このような水域において境界を画定するに当たっては、中間線を基に境界を画定することが衡平な解決となるとされている〉（外務省ＨＰ『東シナ海における資源開発に関する我が国の法的立場』）ということで、日本側はこの日中中間線こそが両国のＥＥＺの境界線としてふさわしいとしています。

一方、中国は境界画定について〈大陸棚の自然延長、大陸と島の対比などの東シナ海の

図9　日本が主張する排他的経済水域（EEZ）と大陸棚

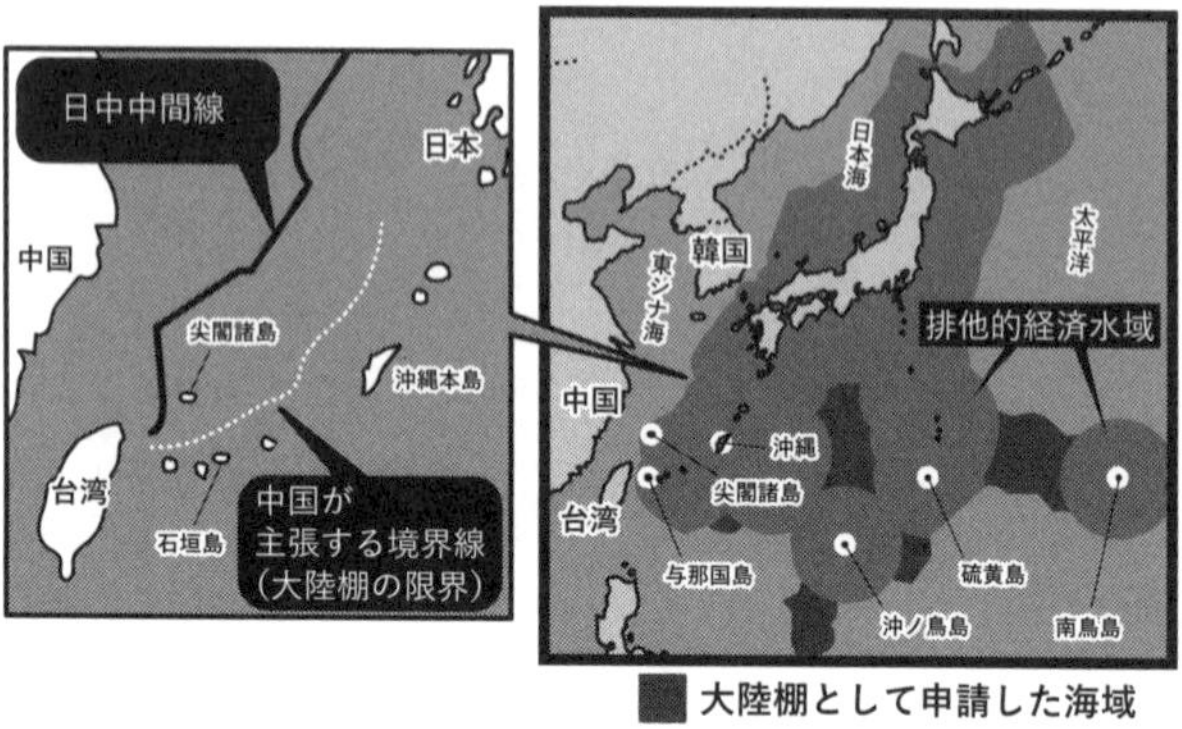

特性を踏まえて行うべきであるとしており、中間線による境界画定は認められないとした上で、中国側が想定する具体的な境界線を示すことなく、大陸棚について沖縄トラフまで自然延長〉という立場を取っています（同HP）。

中国にとっては、中間線の向こうだろうがこっちだろうが関係ありません。そもそも境界線は確定していないとして、その線の存在自体を否定しているのですから。

ちなみに、現状境界線が未確定であるので日本は〈少なくとも中間線から日本側の水域において我が国が主権的権利及び管轄権を行使できるとの立場をとってきた〉（同HP）としていますが、一方で〈これは中間線以遠の権原を放棄したということでは全くなく、あくまでも境界が画定されるまでの間はとりあえず中間線までの水域で主権的権利及び管轄権を国際法に従って行使するということである〉ということで、この運用が暫定的なものであることを認めています。その上で、〈日中間の境界画定がなされておらず、かつ、中国側が我が国の中間線にかかる主張を一切認めていない状況では、我が国が我が国の領海基線から200海里までの排他的経済水域及び大陸棚の権原を有しているとの主張をすることが重要〉（同ＨＰ）と記述しています。**あくまで、200カイリ満額回答が原則で、交渉の途中であるから暫定的に中間線で運用しているに過ぎない**ということなのです。そこでこちらが中間線より日本側かどうかという判断の線を示すことによって、日本は中間線よりも西側の権利主張がしづらくなりかねません。

その上、かねてから問題になってきた中間線の西側（中国側）のガス田[*22]**について、「中間線の中国側だから問題ないだろう?」という主張にも根拠を与えかねません。**これらのガス田は外務省によれば18基あるといい（外務省ＨＰ『中国による東シナ海での一方的資源開

＊22　日中両国の排他的経済水域の認識の違いから生まれている問題。中国は東シナ海において、日中の地理的境界線の西側の海域で資源開発を活発に行っており、日本政府はこれまで計18基の構造物を確認している。

発の現状』)、ガス田こそ西側にあるものの鉱脈は日中双方にまたがっているとして開発の即時停止を求めてきたものです。

中国側は日中間でEEZ未確定であることを上手く使ってきます。たとえば、2022年8月に米議会下院のペロシ議長が訪台したあと中国軍は台湾を囲んで軍事演習を行いました。その中で弾道ミサイル5発を波照間島から80キロの日本のEEZ内に着弾させましたが、抗議した日本政府に対し中国外務省の報道官は「日中両国は関連の海域で境界をまだ確定しておらず、日本のEEZという言い分は存在しない」として突っぱねています。

我々も、いまだ境界は未確定なのですから、境界線よりも西側(中国側)にブイを置く打診をするなど、行動対行動の原則に従って動かなければ、中国の主張に沿った既成事実を国際的に喧伝《けんでん》されてしまいます。打診をすれば、おそらく中国は断ってくるでしょう。そこで、そもそも沿岸国の同意なく設置すること自体、中国は国際法違反であると国際社会に訴えることができます。法の支配を重視する日本政府の立場とも整合し、中国との違いも際立つ。日本は黙っていないという意思を示すのです。

もちろん、撤去も選択肢としては否定しません。ただ、撤去となるとそれ相応のハレーションが起こることは政治の側がリスクとして認識しておく必要があります。くだんの海洋法の実務を知る省庁関係者は「撤去するならするで法的な構成はできるし、しないならしないで今の説明（国連海洋法条約に規定がないので慎重姿勢であること）を続ければいい。あとは、政治の覚悟次第」と言いました。

一思いに撤去してしまうのが最も留飲の下がる解決策であることはたしかにその通りだと思います。私だって、何もせずに黙って受け入れろというつもりはありません。また、「日中友好」という言葉を額面通りに受け取り、「とにかく争いなく仲良くすることが大事だ。そのためには中国相手には一切主張してはならない。領土やEEZの境界を画定するように促すなど、領土的野心ではないか！　けしからん！」などというつもりもありません。

主権国家である以上、豊饒《ほうじょう》な海という国民の財産を守るために行動すべきと考えます。しかし、**その行動がどういった結果を生み、結果が相手のどういった行動を呼ぶのかは、よくよく考えなくてはいけないと思います。**特に相手が中国のような国では、こちらの直情的な行動がかえって不利な状況を作り出してしまうことになりかねません。

極論は一見、筋が通っている

第二次安倍政権で外政担当の内閣官房副長官補兼国家安全保障局次長を務めた兼原信克氏は私の担当する「飯田浩司のOK! Cozy up!」に出演した際、日本人の気質を「サムライのメンタリティ」と表現しました。我慢して我慢して、我慢を重ねて最後に「表に出ろ！　白黒はっきりつけてやる！」と啖呵《たんか》を切るイメージだというのです。

たしかに、この「白黒はっきりつけてやる」のメンタリティは日本人の心に響くものがあります。**複雑で曖昧模糊としたものをスッキリ見せてくれるものを求める姿勢はメディアにも共通していて、昔から「わかりやすい」「○分or○秒でわかる！」という類《たぐい》の見出し、番組、書籍が散見されます。**これはフェイクニュースを流そうと工作する人間からすると願ったり叶ったりの環境で、極論が幅を利かせやすい環境といえるでしょう。往々にして極論は一見筋が通っていて、短いフレーズで留飲が下がるもの。専門家があらゆる可能性を考えながら「Aの可能性もある」「Bの可能性もある」という中、「Cだ！　これに賛成しない人はみな○○だ！」（○○には侮蔑的な言葉が入る）とばかりに煽れば大衆には受けるかもしれませんが、それが地獄への道であったという例は歴史書をひもとけば枚挙にいとまがありません。

第二次安倍政権時代にもブイの設置はありましたが、表に出せば賛否両論で大騒ぎになるところ、穏便に静かに非常にクレバーにことを処理しました。海上に設置されたブイはその後保持するワイヤーが切れてしまってブイそのものが漂流してしまったのです。そして、海保が漂流物として確保し、取りつけられていた装置などを詳しく調べたのち、中国側に引き渡しました。

調査の結果、こうしたブイは風速や風向き、気圧、水温、波浪といった海洋気象に関するデータを収集し、送信する能力があるということが判りました。これらのデータを使いながら、尖閣に向けて海警局（中国の沿岸警備隊）の艦艇をどう派遣するのかなどの参考にしている可能性が高いと言われます。

尖閣周辺には、すでに1万トン級の海警局の船が入ってきています。領海への侵入ももはや常態化というレベルにまでなってきてしまいました。我々はこれに慣れることなく、必要な声を上げていかなくてはいけません。

尖閣諸島・魚釣島の島陰から姿を現した中国海警局の船
写真：時事

中国側は我々が慣れること、諦めることで実際に領土を侵される段になってももはや声を上げることなく引いてしまう事態を目論んでいるわけですから、我々がここで黙って引き下がる選択肢はないわけです。

実際、青山繁晴参議院議員や稲田朋美衆議院議員らが中山義隆石垣市長らとともに尖閣へ海洋調査に船を出した時にも大変な妨害に遭ったということです。上陸調査は日本国政府が認めませんから、やむなくドローンによる空撮での調査に切り替えたとのことですが、これに対しても中国当局はジャミング（レーダー波に対する妨害）などを行ってドローンの飛行を妨害。最大面積を持つ魚釣島の調査を行っていましたが、本来島の複数の方向から調査をするところ、一方向からの調査まででドローンの飛行は断念することとなりました。これらの様子は、青山参議院議員のYouTubeチャンネルの他、同行した記者のルポルタージュでもその一端を知ることができます。今回の海洋調査には産経新聞の記者も乗り込んでいて、そのルポルタージュは一面で掲載されるインパクトを持っていました。

他方、このあたりの情報戦は同じように中国の力による現状変更に悩むフィリピンの方が一枚上手だったと思います。南シナ海で中国と対峙《たいじ》するフィリピンは、自国の沿岸警備隊の船にイギリスのＢＢＣの記者とカメラを乗船させ、中国海警局の船との間のやり取りを取材させました。フィリピン沿岸警備隊の船を取り囲むように放水を始める中国海警局の艦艇。負傷者は出なかったものの、甲板上に警備隊員が出ることは非常に危険な状況になり、一切の作業を許しませんでした。警備隊員は必死にクルーを守ろうと「下がれ、下がれ」と指示しますが、クルーも彼らも水浸し。その水圧のすさまじさが全世界に放映されたわけです。こうした情報戦によって味方を増やすことは非常に重要で、我々も尖閣の日米安保第5条適用は日米首脳会談その他閣僚同士が会うごとに確認していますが、それで終わりではなく、**現場に同行し、報じてもらって、どういったことが起こっているのかを全世界に示すことが重要なのではないでしょうか。**

中国の力による現状変更の野心は今や隠すことなく明らかになってきています。しかし、当事者である我々の認識ほど欧米の首脳には解像度高く見えていなかったりします。そこで、直接会って説明することが必要になってくるわけです。

また、**中国との関係も緊張感はありながら相手の行動原理を理解していれば、無用に緊張感を高めるような行動を取らなくて済む**わけです。それぞれ、会って話す機会を作ってミスリードを防ぎ状況を理解し合うことが必要になります。

「文字通りの理解」は危ない

よく閣僚や首相の海外出張を「外遊」といいますが、「遊ぶ」という字が入っているだけに「税金を使って遊びに行っている！」「無駄遣いだ！」という、なんとも安直な批判が野党側から出てきます。特に、ゴールデンウィークにこうした批判が出てきやすいのですが、それには理由があって、**国会開会中はこの時期にしか海外に出られない**からです。

憲法63条には〈内閣総理大臣その他の国務大臣は、両議院の一に議席を有すると有しないとにかかはらず、何時でも議案について発言するため議院に出席することができる。又、答弁又は説明のため出席を求められたときは、出席しなければならない〉とあり、閣僚の国会出席義務と称されたりします。国会開会中は基本的にいつ呼ばれるかわかりませんから、長い日程の出張は組みづらくなります。通常国会は期日150日。1年365日の3分の1強は国会に縛られて海外出張は事実上できなくなります。さすがにこれはキツイということで、1990年代後半の省庁再編に伴ってそれまでの大臣と政務次官という政治任用としての省庁の役職を大臣、副大臣、大臣政務官とし、副大臣も大臣と同じく認証官（任免につき天皇の認証を必要とする官吏）として大臣不在時も答弁その他ができるようにしました。

しかし実際の運用上は、テレビ生中継も入る花形の予算委での副大臣の答弁はよほどのことがない限り許されず、相変わらず総理、官房長官をはじめ各閣僚がズラリと並ぶ光景が繰り返されています。この国会出席義務は現場の運用ではほとんど絶対というわけで、ある副大臣経験者に聞きましたが海外のシンポジウムや閣僚との折衝をしていても、月曜朝一で国会から出席を求められていれば途中帰国しなくてはいけません。結果として質問者の時間配分によっては質問されずに空振りに終わっても、そこにいることが何よりも重要なのです。そこにいなければ、野党側は「通告したのに欠席した！　憲法63条違反だ！」と責め立て、国会審議はストップしてしまうでしょう。このため、長期の休みに入るゴールデンウィークぐらいしか長期海外出張をできないのが実情です。

もちろん、税金を使っての海外出張ですから成果が求められることは当然です。間違っても、パリ・エッフェル塔の前でポーズを作って写真を撮るようなことがあってはいけません。こういったことがあると、閣僚・議員の海外出張そのものが「税金を使って遊びに行っている！」「無駄遣いだ！」と批判されてしまいます。しかし、**私がこれらの批判が安直であると書いたのは、むしろ批判する側の安全保障に関する言動はむしろ、閣僚の海外出張を求めているに等しいから**です。

批判する側の野党、特に野党第一党の立憲民主党や共産党は、米軍その他他国との連携や防衛費の増額を求める言説に対しては必ずといっていいほど「軍拡で物事は解決しない。それよりも話し合うべきだ」といいます。私も話し合いそのものは否定しません。前述の相手の意思を理解することでミスリードを防ぐのはとても重要だからです。

ところが、いざ話し合うために海外出張となると「税金の無駄遣い！」となるわけです。では、一体どうすればいいというのでしょうか？　これをダブルスタンダードと言わずしてなんと言えばいいのでしょうか？　残念ですが、これでは「野党は何でも反対」というイメージがついてしまっても仕方がありません。

極論のぶつかり合いで見えなくなるもの

一方に極端に勇ましい言動があり、もう一方には何が何でも話し合いをすればいいというこれまた極端な平和主義論が横行する言論空間。防衛費の増額に関しても、2つの極論がぶつかり合って、現場で真に必要なものが行き届かないことが危惧されています。岸田首相は2022年11月28日、防衛費を2027年度に国内総生産（GDP）比2％に増額するよう関係閣僚に指示しました。安保3文書の改定と並んで、岸田政権の安全保障政策の大転換といわれました。

立憲民主党などの野党やリベラル系といわれるメディアは、この防衛費の増額により「戦争する国になる！」といったステレオタイプの批判を繰り広げました。一方で、政府与党の中でも「防衛族（防衛省と強い繋がりを持ち、安全保障政策・防衛予算などへの影響力を持つ政治家）」と呼ばれるような人たちは新たな装備品、とりわけ長射程のミサイルや艦艇、戦闘機といった大物をそろえる方に予算を誘導しようとします。

しかし、**現場は予算の増額によって戦争をしようとしているわけではなく、また、大きな装備品をそろえることを急ぐのでもありません。現場が欲しているのは「人」であり、安心できるキャリアプランの「仕組み」でした。**

安全保障の現場を担う自衛隊や海上保安庁といった現場は、人を集めるのにも苦労する状況が続いています。自衛隊、海保は「公安系」といった具合に括られて、地元の警察や消防とともに就職説明会を開いたりするようですが、そこで言われるのが、転勤について。

士や曹といわれる現場の自衛官たちは、地元の部隊に所属すれば地元近辺にいることが多いのですが、それでも部隊改変などのために遠くの任地に配属されるケースもありま

図10　自衛隊の階級

共通呼称			陸上自衛隊	海上自衛隊	航空自衛隊
幹部	将官	将	陸上幕僚長	海上幕僚長	航空幕僚長
			陸将	海将	空将
		将補	陸将補	海将補	空将補
	佐官	1佐	1等陸佐	1等海佐	1等空佐
		2佐	2等陸佐	2等海佐	2等空佐
		3佐	3等陸佐	3等海佐	3等空佐
	尉官	1尉	1等陸尉	1等海尉	1等空尉
		2尉	2等陸尉	2等海尉	2等空尉
		3尉	3等陸尉	3等海尉	3等空尉
准尉		准尉	准陸尉	准海尉	准空尉

共通呼称			陸上自衛隊	海上自衛隊	航空自衛隊
曹士	曹	曹長	陸曹長	海曹長	空曹長
		1曹	1等陸曹	1等海曹	1等空曹
		2曹	2等陸曹	2等海曹	2等空曹
		3曹	3等陸曹	3等海曹	3等空曹
	士	士長	陸士長	海士長	空士長
		1士	1等陸士	1等海士	1等空士
		2士	2等陸士	2等海士	2等空士

出典：防衛省・自衛隊

す。海保も現場の海上保安官は管区内での異動が中心とのことですが、たとえば第一管区海上保安本部は小樽に本部を置き北海道内はすべて管区となりますので、東は根室、北は稚内、南は函館と1日がかりで移動する距離。地元の市町村単位の消防や都道府県単位の警察と比べると、特に地元にいたいという人にとっては一つハードルが高くなります。加えて、採用の際には本人よりも親御さんがそのあたりを気にされると言っていました。

一方、幹部となれば話はまったく違ってきます。海保も自衛隊も全国転勤が当たり前という世界。警察もキャリア官僚となれば全国転勤となりますが、それは一握りです。

そして、これは自衛官の採用の最前線、地方協力本部を取材した時に特に言われたのですが、採用の際に自衛官の定年と再就職先がネックになってきているという話を聞きました。

現場の自衛官は精強さを保つという理由で早期退職制が敷かれています。士というゆる兵隊さんはそもそも任期制自衛官と言われる若者たちで、1期2〜3年を数期務めて巣立っていきます。そこから任用試験等を経て曹というクラスに昇任すると、定年制となり、2・3曹は54歳で定年。その上の1曹から曹長・准尉・1〜3尉（大尉〜少尉）で55歳、2・3佐（中佐・少佐）で56歳、1佐（大佐）で57歳定年となります。その上の将・将補（中将・少将）となると最長で60歳定年となります。それぞれに問題を孕みながらも現状なんとか回している状態とのことですが、まず一般企業や他の公安系公務員と比べても定年が早いだけに、現場で若年層をリクルートしようとする時にライバルから「自衛隊は定年が早いから、ウチの方が先々安定するよ」と口説かれるのだそうです。もちろん、精強さを保つのは安全保障上も重要なことですから制度自体は致し方ない部分があります。

実際、陸・海・空三幕の幕僚監部の中にある募集・援護課や現場の地方協力本部も手をこまねいているわけではなく、「援護」と称される再就職支援を積極的に行うことでそれぞれの退職後のキャリアをサポートしていますし、募集の際にもその手厚さをアピールしたりもするそうですが、この少子化の折、子どもの就職にも親が積極的にかかわる時代。となると、より安定を求めて他の選択肢を検討するケースも多いそうです。

曹という現場を取りまとめる重要なポストから、幹部自衛官に至るまで、早期退職制度とはいえ最後まで勤め上げ国に貢献したということに変わりはありません。諸外国であれば、賞賛こそすれ再就職先にも困るということはないでしょう。アメリカなどはここまで勤めれば、いわゆる軍人恩給でハッピーリタイアメントという方も少なくないそうです。もちろん、部隊や職種によっては任務の過酷さも米軍は世界一かもしれませんが。

海外に出張したり、あるいは研修で海外に赴任したりした現職自衛官が口々に訴えるのが、その扱いの違いです。海外で制服を着て飛行機に乗ろうとすると、「Thanks for your service!」と声をかけられ、搭乗が優先されたり座席に空きがあればアップグレードされたりするなどの優遇を受けられたそうです。社会全体に国家への貢献を評価するという気風があるようなんですね。

一方で、日本に帰れば何か異質なもののように扱われ、かつては蛇蝎の如く嫌われた時期もありました。いまだに憲法学者の大多数は自衛隊を違憲の存在としています。そんな肩身の狭さは一体何なのだろうか？　海外に出て、そんな思いにとらわれる人もいます。

自衛官は任官の際に、次のように職務宣誓しています。

〈私は、我が国の平和と独立を守る自衛隊の使命を自覚し、日本国憲法及び法令を遵守し、一致団結、厳正な規律を保持し、常に徳操を養い、人格を尊重し、心身を鍛え、技能を磨き、政治的活動に関与せず、強い責任感をもつて専心職務の遂行に当たり、事に臨んでは危険を顧みず、身をもつて責務の完遂に務め、もつて国民の負託にこたえることを誓います〉

〈事に臨んでは危険を顧みず、身をもつて責務の完遂に務め〉ることを誓っているわけです。アメリカのような手厚さがなくてもいいけれど、その心意気にはせめて尊敬の気持ちを持って接してもらいたい。打ち解け、こちらを信用してくれた一部の自衛官の口からこんな本音が漏れてくるのは、夜もだいぶ深まった頃でした。

東日本大震災以降特に顕著になりましたが、自衛官に対する世間の見方がそれまでと180度変わって、今では政府内のどの職種よりも国民の信頼が厚くなっています。たとえば、2022年に読売新聞社と米ギャラップ社が実施した日米共同世論調査で、信頼している国内の組織や公共機関を15項目の中からいくつでも選んでもらうと、日本では「病院」が78％（前回2020年調査74％）、「自衛隊」が72％（同70％）、「裁判所」が64％（同57％）でした。それでも、彼ら・彼女らは普段から言動に非常に気を遣っていることが見えてきます。

制度上の理由で早期退職となりますから、その分本来であれば退職金が少なくなってしまいます。勤続20年以上の場合はそれを補う若年定年退職者給付金がありますが、本来は恩給制度等で報いる方法が検討されてしかるべきでしょう。

もちろん、援護サイドも頑張っていて、地方自治体の防災監として採用されるケースも増えてきています。平時には現役時の経験を活かして防災や有事への備えを提言し、非常時には古巣の自衛隊との連携をスムーズに行う潤滑油として働く。理想的にも見える再就職で、実際ウィン・ウィンの関係なので防衛省・自衛隊サイドも推している施策なのですが、先方の自治体側もない袖は振れぬでなかなか正規職員のポストを用意できないのが難しいところ。キャリアプランは人それぞれなので、非正規職員となると尻込みするケースもどうしても出てくるようです。

また、民間への再就職となると、そもそも50歳を超えてからの再就職は民間から民間でも難しいもの。採用となると、給料の他に社会保険料の企業負担分も面倒を見なくてはなりません。恩給の支払いが現実的でないのならば、せめて若年定年退職者には社会保険料の企業負担分は国で面倒を見るぐらいのサポートがあってもいいと思います。

一方、制服組の中でも一握りのトップが将・将補クラス。このクラスになると、自衛隊独自の再就職あっせんシステムである「援護」を利用することができなくなります。「いやいや、でも将や将補まで偉くなった人だったら企業が放っておかないでしょう」「それぞれの専門を活かして退職後も活躍してくれるでしょう」。普通だったらそう思いますが、将・将補クラスとなると一般の公務員とまったく同じで、国家公務員法に基づく再就職に関する行為規制の対象となります。すなわち、それまでの経験を活かすとなると往々にして当該将官と企業との間で利害関係が生ずることになり、それは現職職員による利害関係企業等への求職活動に関する天下り規制に引っかかることになるのです。

その上、一般の公務員でしたらこのポジションは次がある、このポジションは上がりだといったようなだいたいの退職時期の相場観があります。自衛隊にもなんとなくはあったりしますが、しかし政治情勢や内外の情勢によって、適材適所で突然の辞令ということも少なくありません。その上、ここまでのクラスになればどの職種にいようとも基本的には激務です。退職ギリギリまで職務に専念しており、再就職活動に時間を割ける人がどれだけいるか、見ている限りはほとんど思い浮かびません。ある同年代の将補など、「もし私が退職となったら、辞令をもらったその足でハローワークに直行ですよ」と赤裸々に話していました。

入口の採用の難しさと、出口の退職後のキャリアプランの難しさ。安全保障の安定なくして繁栄する経済も安定した社会もありません。かつて日本社会においては「水と安全はタダ」といったことが言われていました。しかしそれは、今まで現場の心意気でなんとか保ってきただけだったのではないでしょうか？　今後の少子化も相まって曲がり角に来ています。防衛省・自衛隊に関するニュースというと、防衛費の増額や装備品の購入といったものばかりが並びますが、支えているのは生身の人間です。なんとなく、防衛費増額のニュースを見聞きしていると予算が増えて自衛隊は潤っているような印象になるかもしれません。しかし、内実はこの章で紹介した通りお寒いものでした。

見出しから受けるイメージだけに引っ張られず、内実まで伝えることがメディアの仕事だと思いますが、今は記者個人や組織のＯＢが積極的に発信している例も見られます。

「この人のこの分野の情報は信頼できる」といった自分自身の情報源のストックも合わせて見ることで、より深くニュースを理解できるのでしょう。

かつては自衛隊員が「戦争をする集団だ」と蔑まれ、制服を着て街を歩けないような風潮までありました。今は表立ってそうしたことはなくなりましたが、社会全体としてリスペクトの醸成やキャリアプランを明確に示せるような仕組み作りこそが、結果としてこの国を支える底力になるのだと思います。

第7章

日本のニュースとかけ離れた世界の現実

日本のニュースではわからないこと

東京で報じられているものが現地に行って、見て、現地の人の話を聞いて打ち砕かれるという経験は、国内外様々なところで経験してきました。あまり経験は多くありませんが、**海外での取材では、東京で報じられていることと現地の状況とのギャップが国内ニュースよりも大きい気がしています。**伝言ゲームではありませんが、地理的に遠いということは東京まで伝わってくる際に少しずつ情報が鮮度を失い、解像度が粗くなってしまうのかもしれません。今年初めに出張した台湾でもそれを感じました。

2024年は世界で選挙イヤーとかねてから言われていました。11月に控える米大統領選がそのハイライトですが、年明けすぐにも大きな選挙が行われました。それが、1月13日投開票の台湾総統選挙です。

民進党の蔡英文総統が2期8年を務め、中華民国憲法上3選はありませんから、与党・民進党、野党・国民党ともに新顔同士の総統選。頼清徳・副総統（民進党）と侯友宜・新北市長（国民党）の争いと半年以上前から言われていて、台湾情勢を専門にする識者の中には、有権者の分断を恐れる声が多く聞かれました。分断こそ、中国のつけ入るスキとなるというのです。

図11　2024年台湾総統選主要候補者

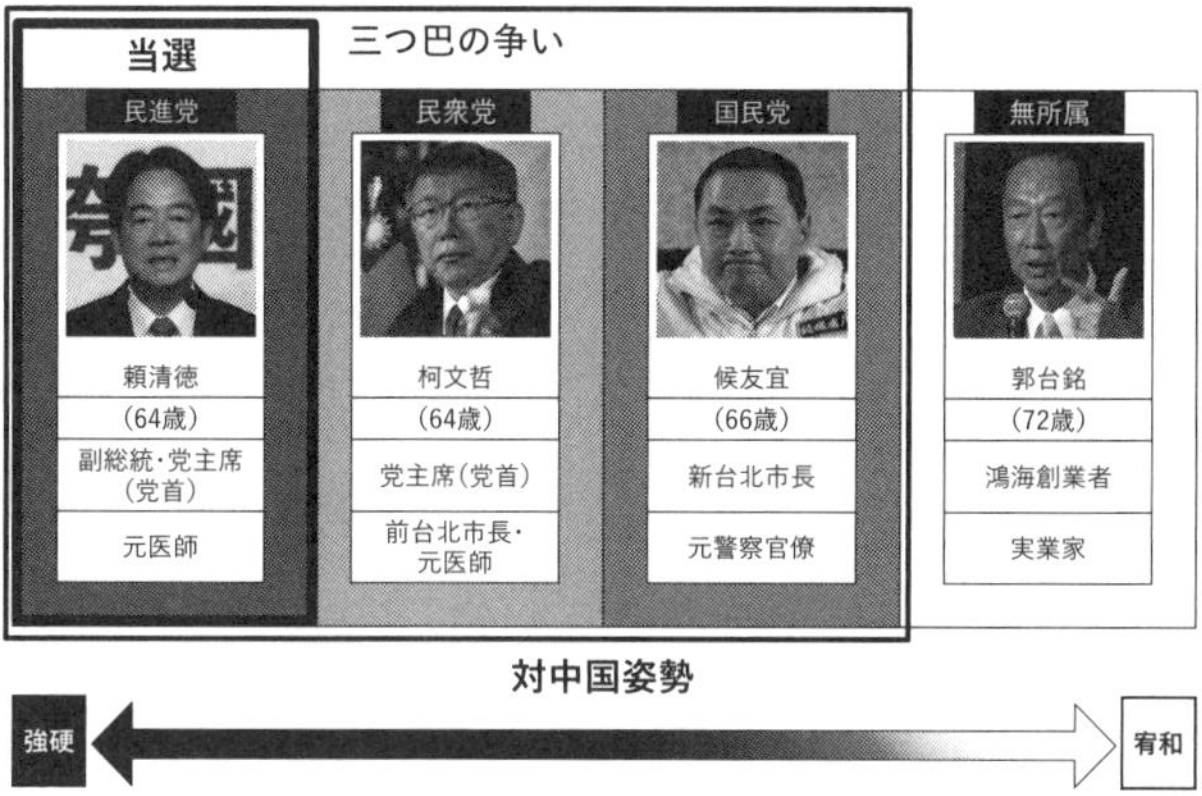

写真：EPA＝時事

左派と言われる民進党の総統候補、頼清徳氏はもともと台湾独立論者でした。しかし、独立と言ってしまえば「現状維持」を変えてしまうので、アメリカも認められません。手出しができなくなる。アメリカは現状維持を続けるのだというのが主とした台湾へのアプローチですから、独立と言い出せば「現状を維持するために軍隊を出すのだ」という中国側のロジックに説得力が出てしまいます。

もちろん、頼氏もそれは重々承知で、「現状維持路線を続ける」「蔡英文政権の路線を引き継ぐ」と事あるごとに言い続けていました。ただ、古くからの支持者は台湾独立を夢見る急進派も多いわけで、ここをしっかりと押さえないと、台湾内の世論と乖離してしまいますし、世論を分断することに繋がってしまいます。

一方の国民党ですが、こちらは馬英九元総統ら親中派が多いと言われています。日本の報道でも、「もし国民党政権となれば親中政権になるのではないか?」と言われました。

総統候補となった侯友宜氏は中道派でやはり現状維持を言っていましたが、国民党の総統候補レースにも名乗りを上げていた鴻海精密工業のテリー・ゴウ(郭台銘)氏など親中路線を公言する人も多くいます。

親中路線を言い過ぎれば、やはり世論は分断されますし、そもそも世論の流れと乖離が甚だしいので選挙になりません。

日本国内のネット上などで言われている論調のように、「民進党が勝てばそれでいい」というほど簡単なものでもありませんし、一方で朝日新聞・毎日新聞が言うような「対中宥和すれば済む」という話でもありません。

台湾の人々の具体的な悩みである、リアルな安全保障と政治の行く末。どうやって分断を回避し団結し続けるのか? そして、総統選のテーマは本当に安全保障のみなのか?

この、分断の危機は日本もまったく他人事《ひとごと》ではありません。違いはありつつも最低限のコンセンサスを作っていかないと、国そのものが分断され、突き崩されていきます。

自民党と社会党の保守・革新の対立を軸とする日本の55年体制はまさしく、国内世論の分断でありました。そして、政治・行政とメディア・文化の分断でもありました。現実主義と理想主義の分断といっても良いのかもしれません。

その分断が決定的な国の分裂に至らなかったのはただ一つ、「経済成長」がコンセンサスだったからかもしれません。

この**分断への危機感はおそらく台湾人の方が、日本人よりもよほど大きいのではないだろうか？**

このあたりを取材を通じて掘り下げるべく、現地台北に飛びました。

台湾総統選の争点は安全保障ではない

「野外フェス！」

日本で想像する選挙活動とはまったく違うしつらえの支持者イベントの様子は、まさに音楽フェスのそれでした。大通りを通行止めにして支持者がそこに密集し、大音響のスピーカーから候補者の演説やアーティストのパフォーマンスが流れる。いくつも設置された大型ディスプレイがその様子を映し出すも、ステージは十重《とえ》二十重《はたえ》の群衆のはるか先に小さく見えるだけ。人ごみを掻き分け掻き分け進みますが、行けども行けどもステージには近づけず。1月の台北は東京に比べれば過ごしやすい陽気といえど、夜になればさすがに10℃近くまで気温が下がります。ダウンコートなどで防寒していきましたが、人ごみの熱気に湯気が立ちのぼるようで汗をかくほどでした。

台湾総統選の支持者イベント。多数の参加者の熱気で「野外フェス」のよう

半年前、本書の執筆を始めた頃には、民進党と国民党の争いだと言われていました。それぞれのテーマカラーから、緑と藍の戦いだとも。しかし、**投開票日が近づくにつれて第三極が注目され始めました。**それが、水色をテーマカラーとする台湾民衆党です。民進党（頼清徳）・国民党（侯友宜）・民衆党（柯文哲）の三つ巴の総統選となっていました。

民衆党の柯文哲氏はもともと台湾大学病院の医師でした。民進党初の台湾総統となった陳水扁氏がその後総統の座を追われ、訴追された際発症した病気の主治医で、その待遇の酷さをメディアに暴露したところから有名になった人物です。その後、中国との間の中台サービス貿易協定反対運動（ひまわり運動）、の学生たちに推されて台北市長に就任しました。発端となった中台サービス貿易協定は、医療・金融・印刷・建設など、サービス産業の幅広い分野について中台が相互に市場を開放するもので、中国側が80分野、台湾側が64分野を開放するとされていました。

この中に印刷業や広告業の中国企業への開放が入っていたので、言論の自由が脅かされるとの懸念から学生らが反対。一時は立法院（議会）を学生らが占拠するに至り、時の馬英九国民党政権も強行採決を諦めました。その勢いのままに行われた市長選でしたから、当時の野党・民進党も柯文哲氏を相当熱心に応援したといいます。

しかし、市長となった柯氏は歯に衣着せぬ言動で市政を振り回し、次第に民進党は彼から距離を置くように。

柯氏はその後民衆党を組織し、国政与党が民進党に代わると野党連合として国民党とも接近しだします。中国に対してのスタンスも、ひまわり運動が発端と考えると対中強硬のように思えますが、内外のメディアのインタビューでは中国と「対話をする」と答えています。台北市長時代の自治体外交の実績を強調し、対話をしながら米中の橋渡しをするのだというのが総統選当時の対中姿勢でした。

台北市長時代の柯氏に議員外交で訪問したある与党議員は「かなりユニークな言動を見せる変わった人」と、それでもオブラートに包みながら話しました。どんな大物を目の前にしても話が面白くなければ欠伸《あくび》をするし注意力は散漫になるしなのですが、台湾の若者にとってはそれも「飾らずに自分を出していて好感が持てる」と支持されているそうです。

選挙戦の最中、2023年の11月には国民党と民衆党の間で候補者を一本化する動きが出ました。中国が主導したともいわれていますが、真偽のほどはわかりません。ただ、この動きは結局、どちらが総統候補になるかで揉め、ご破算になります。結果、三つ巴のまま投票日にもつれ込んだのです。

さて、この三つ巴の総統選挙と同日、立法委員選挙、いわば国会議員の選挙も行われます。台湾は定数113議席の一院制ですから、この日の選挙で元首とともに立法府の第一党がどこになるかも決まる一大イベント。先ほど野外フェスと表現しましたが、そうした派手な選挙運動で支持者を大量動員することを通して存在感のアピールが必要になるようです。まさに、ところ変われば選挙も変わるわけです。

では、台湾の人々はどういったことを気にしながら投票したのか？　日本で報道されていた通り、やはり安全保障、とりわけ中国とどう向き合うかで投票しているのか？　親中か反中かなのでしょうか？

台湾の繁華街「西門」付近で有権者に取材してみると、日本のニュースではわからない本音が垣間見えた

繁華街「西門」周辺で何をポイントに投票したのか、有権者に聞いてみました。すると、口をついて出てくるのは、「経済、経済、経済」。**安全保障について聞いてもあまりピンとくる感じはせず、聞く人聞く人「経済」を挙げていました。**

新型コロナに関してはオードリー・タンデジタル発展相の活躍などもあり、経済と感染防止のバランスを取りながら上手く乗り切った感のある民進党政権でしたが、コロナ禍以後の経済政策に関してはあまり評価が高くありません。世界的な資源高や穀物高、それにロシアのウクライナ侵略や中東での紛争により物価が高騰。

もちろん、経済はＴＳＭＣなど半導体産業の存在もあり好調で、平均賃金も徐々に上がっているとはいえ、物価の上昇には到底追いついていないので実質賃金は下がってしまっています。その上、半導体は装置産業であり、さらに台湾の半導体産業は受託生産が主ですから、雇用の生み出しもある程度に留まります。

半導体産業に絡める人は羽振りが良く賃金の平均値も高止まりする一方で、他の業種、特にサービス業などは新型コロナの影響が大きかった上に、その後も低迷が続きます。というのも、新型コロナの影響で激減した中国からの観光客が政治問題の影響で戻らないのです。同じように人口が多く、これから経済も伸びていくであろうインドネシアからの訪問客で埋め合わせようとしていますが、インドネシアは世界最大のイスラム教国ともいわれます。イスラム教の戒律と台湾の習慣の間での摩擦もあり、受け入れるためには食事に関するハラル認証を取るなどのコストもかかるため、単純に人口が多いからと言って中国からの観光客の減少を埋め合わせるのは容易ではありません。

他方、安全保障に関しては民進党も国民党も、そして民衆党も「台中関係の現状維持」を打ち出している以上は違いがありませんから争点になりません。これは米大統領選や日本の総選挙などでも言われますが、経済が好調なうちは現職・現政権有利になる。逆に経済に不満が募る社会では現職・現政権が不利になります。となれば民進党不利なのではないか？　と思いますが、結果は民進党の頼清徳氏が総統選挙に当選しました。

なぜ、史上初めて民進党の三期連続総統が可能となったのでしょうか？　それは、国民党の前総統・馬氏が投票日の一週間前に海外メディアのインタビューに答え、不用意な発言をしていたことと関係がありそうです。

馬氏は1月8日、ドイツメディアの取材に「(中台)両岸問題では習近平国家主席を信用しなければならない」と発言した他、中国と台湾の統一について「受け入れられる」とも述べました。これが、従来の国民党の立場からしても踏み込んだ発言だったので物議を醸し、対立候補はこぞって批判しました。民進党の頼清徳氏は11日、記者団に対し「習氏を信用すれば、台湾は香港のようになってしまう」と批判。民衆党の柯文哲氏も記者団に「習氏よりも自分(台湾)を信じた方が安全だ」とコメントしました。

一方、国民党の侯友宜氏は11日に記者会見を開き、馬氏の発言について「自分の考え方とは違う。私が総統になれば、任期中に統一問題に触れるつもりはない」と強調。火消しを図りましたが、投票日直前のこの発言のインパクトは特に無党派層に効きました。

様々な分析がありますが、一説には、侯友宜氏はこの発言で50万票を落としたともいわれます。国民党側は50万票落としたといい、その分民進党側は47〜48万票を獲得できたといいます。

結果を見ますと、民進党の頼清徳氏558万6019票を獲得し当選しました。国民党の侯友宜氏467万1021票、民衆党の柯文哲氏369万4466票となり、仮に50万票が国民党側に流れていれば、頼氏、侯氏ともに500万票強の得票で勝負は全くわからないものになっていました。投票率は71・86%で、前回4年前より3ポイントあまり低下でした。

また、三つ巴のため得票数、得票率ともに過去の総統選当選者と比べると低くなりました。前回の蔡英文氏が817万票を獲得したのに対し、今回の頼清徳氏は558万票。得票率も40%を辛うじて上回るという低さでした。

二大政党の双方に失望する台湾の若者たち

これだけ票が割れたのは、選挙運動の熱狂に比して際立つ若者の冷め方に起因します。

もともと国民党による独裁政権の歴史が長い台湾。これを李登輝氏が1996年にその手腕で総統直接選挙を導入しました。その後、民進党との二大政党制となり政権交代を経ながら選挙を重ねてきましたが、過去7度の総統直接選挙を経験してわかってきたことがありました。

台湾のYouTuber・インフルエンサーにじっくり話を聞いたのですが、国民党にはもともと長く統治してきたことから来る既得権益がある。一方で民進党も、もともとは国民党独裁政権に異議を申し立てるところから始まった政党ではありますが、政権担当を重ねていくうちにできてきた既得権益が、国民党のそれとコインの表裏のように存在するようになりました。

たとえば、雇用に関する政策一つとっても、国民党は旧来からの既得権を守るような動きをします。中小の経営者が喜ぶような、解雇を容易にしたり最低賃金を抑えたりする政策などを志向するわけです。一方で、こうした国民党の旧来の方向性に民進党は異を唱え伸長してきました。雇用を守り、働くものを守る。しかし、長く政権を担うようになると、次第に既存の雇用を守る方に重きが置かれ、結果としてこれから社会に出る若者たちは門戸が開放されずに疎外感を味わうことになるのです。

国民党のように縁故主義で雇用を確保するのも困りものだけれど、民進党だって既存の雇用を守ろうとし過ぎる守旧派の側面があるじゃないか。**台湾の二大政党の双方に失望している若者たちの存在は、東京で報じられているニュースを見ていては気づけない存在で**

した。

台北で若い有権者に取材しているうちにわかってきたのは、蔡英文政権に既得権益打破を期待し、コロナ禍を経たとはいえ、その8年間の政権の中で、変えられたこともあれば変えられなかったこともある。格差社会の台湾で特に両親の財産の有無、既得権益へのアクセスの有無で人生が大きく変わってしまう。経済が厳しければなおさら階層の固定化が進んでしまう。こうした環境を変えられない、既得権益化してしまった民進党に対して失望する人たち、多くは若者でしたが、そうした人々が民衆党へ流れました。このあたりの動きが立法委員選挙では如実に出てきました。

定数113議席のうち、国民党が52議席、民進党が51議席、民衆党が8議席を、それぞれ獲得しました。国民党が第一党になりながらも、過半数の57は取れず。民進党は総統与党ながら第二党に。そして、民衆党が8議席でキャスティングボートを握った恰好になりました。

国会議長にあたる立法院長は議会第一党から出すことになります。もしも2位3位連合が行われれば民進党からの選出もあり得ましたが、決選投票で民衆党は棄権を選んだので、結局院長職を国民党に明け渡すことになりました。

この立法院長職は重要で、なんといっても公式に国交のある国が極端に少ない台湾にとって、キーとなるのは議員外交、議会外交となります。2023年に当時のペロシ米下院議長が訪台し、中国が激しく反発しましたが、これも議会外交の一環として台湾立法院を訪ねるというのが大義名分として存在しました。今回、国民党が議長に推したのは、前回の総統選の国民党候補だった韓国瑜氏。名うての親中派と言われています。それゆえ、これまでのような議会外交が可能なのかどうなのか、心配する向きも存在するのです。

また、どの政党も過半数を持たないということは、政策ごとに法案作りから協力したり、法案に賛成したり、政策によっては反対したりするパーシャル連合もあり得る不安定な議会ということになります。

その上、勝ったとはいえ得票数は全体の4割という頼清徳新総統です。

この構図は、工作する側にとっては非常にやりやすい。

選挙直後から、地元メディアでは陳水扁政権初期のスタックを紹介するものもありました。当時と現在とでは政治状況がかなり違うので一概に比較することはできませんが、当時も総統は民進党でした。しかし、立法院は国民党や親民党といった野党が多数。陳政権は出す法律や、予算を悉く国民党に否決され、レームダック（任期中だが、影響力を失った政治家）化。アメリカ潜水艦を購入するという安全保障の根幹にかかわるものまで否決されました。

陳政権は、首相（行政院長）を国民党から起用するほど譲歩をして、なんとか政権運営しようとするところまで追い込まれていました。

国民党も国民党で、直前まで政権党にありながら内紛で分裂。分裂した相手と立法院で手を組むためになりふり構わず反対するという有り様でした。

中国は台湾を侵略するのか

いずれにせよ、**台湾の選挙結果は日本で受け止められている民進党総統誕生で現状維持という楽観論とは程遠く、むしろ大陸・中国側はその不安定さの中でどの程度対応できるのかを測るかのように、金門島周辺で台湾側へのプレッシャーをかけ続けています。**

日本の海上保安庁にあたる台湾の海防署が金門島周辺海域で取り締まっていた中国漁船が転覆し、２人死亡という事件が起こったのは総統選直後の2月中旬。そこから、中国海警局の公船が取り締まりを強化し、台湾本島との間を結ぶ高速船を一時臨検しました。

台湾側からすると主権・管轄権の侵害ですが、中国側の言い分は国内での法執行に過ぎないというもの。そして、中国と国交のある国々は台湾の国際法上の地位の曖昧さをつかれて表立った批判もしづらい状況に置かれます。

これぞ、交戦なき台湾有事。香港で使われたタイプの発砲・交戦のない形での事実上の侵攻が始まろうとしています。

台湾の離島・金門島水域に進入した中国海警船
写真：時事

さて、これに対して国際社会は、特に西側サイドはどう反応したでしょうか。

南シナ海では「航行の自由」作戦としてアメリカやその同盟国・同志国が艦艇を航行させています。中国の主張する十段線と呼ばれる海域や領海と主張する岩の周辺もパトロールコースに入っていて、国際法の遵守を逐一確認しているのです。日本の海上自衛隊もホルムズ海峡（中東のペルシャ湾とオマーン湾の間にある海峡）やジブチ（アフリカ大陸とアラビア半島の間にある紅海のインド洋への出口にある国）への艦艇派遣や任地からの帰国の際に南シナ海は通り道。そこを航行していくことは国際法上も合法ですから、オペレーションへの参加はないにしてもこの海域を航行し、存在感を示すことはできます。

他方、中国本土と台湾島との間を隔てる台湾海峡に関しては、アメリカはこちらも「航行の自由」作戦の一環として駆逐艦や空母打撃群の派遣を行っています。それだけではなく、カナダの艦艇は米艦とともに台湾海峡で演習を行いましたし、台湾国防部の発表によればオーストラリア海軍の艦艇も２０２３年11月23日、台湾海峡を北から南に通過したと発表されています。また、イギリス海軍の空母打撃群を構成するフリゲート艦リッチモンドも２０２１年9月末に台湾海峡を通過したと、同艦の公式ＳＮＳが発表しています。さらには、フランス海軍のフリゲート艦も２０１９年や23年に台湾海峡を通過していきました。

この台湾海峡に関して、中国側は国際法に従って自国の主権、主権的権利、管轄権が及んでいて、関連する国内法を整備していると主張します。たしかに、国連海洋法条約によれば沿岸国は基線から12カイリ以内を領海、24カイリまでを接続水域、そして２００カイリまでをＥＥＺとしています。そして、領海には沿岸国の主権が、接続水域には一定事項に関する管轄権が、さらにＥＥＺには一定の事項に関する主権的権利と管轄権がそれぞれ認められています。

ただし、たとえ**主権が認められる領海内であっても他国の艦艇の無害通航権は認められていますし、接続水域内では沿岸国の「通関上、財政上、出入国管理上又は衛生上の法令の違反」の防止または処罰が認められているだけ。**ＥＥＺ内ではどの国の船でも自由に航行できる「航行の自由」が認められています。

台湾海峡は最も狭い海域でも幅70カイリ（約130キロ）ありますから、その多くの水域が接続水域かＥＥＺということになり、自由な航行は当然認められます。米側が「国際水域（International Water）」というのは、まさにこのことを指しているわけです。もちろん、前述の通り領海であっても無害通航権が認められるわけですから、敵対行為をしない限りどんな水域でも通れるというのが国際法の建前のはずです。

もちろんこれもご都合主義だという批判はあって、中国は国連海洋法条約に加盟している一方、アメリカは海洋法条約には入っていません。ただ、艦艇はたとえ領海であっても無害通航権がありますから航行することそのものは何ら妨げられるものではありません。

そして、この前提をもとに米・英・仏・加・豪の艦艇は台湾海峡を通過していったわけですが、では我が国の艦艇はどうでしょうか？

図12　台湾海峡

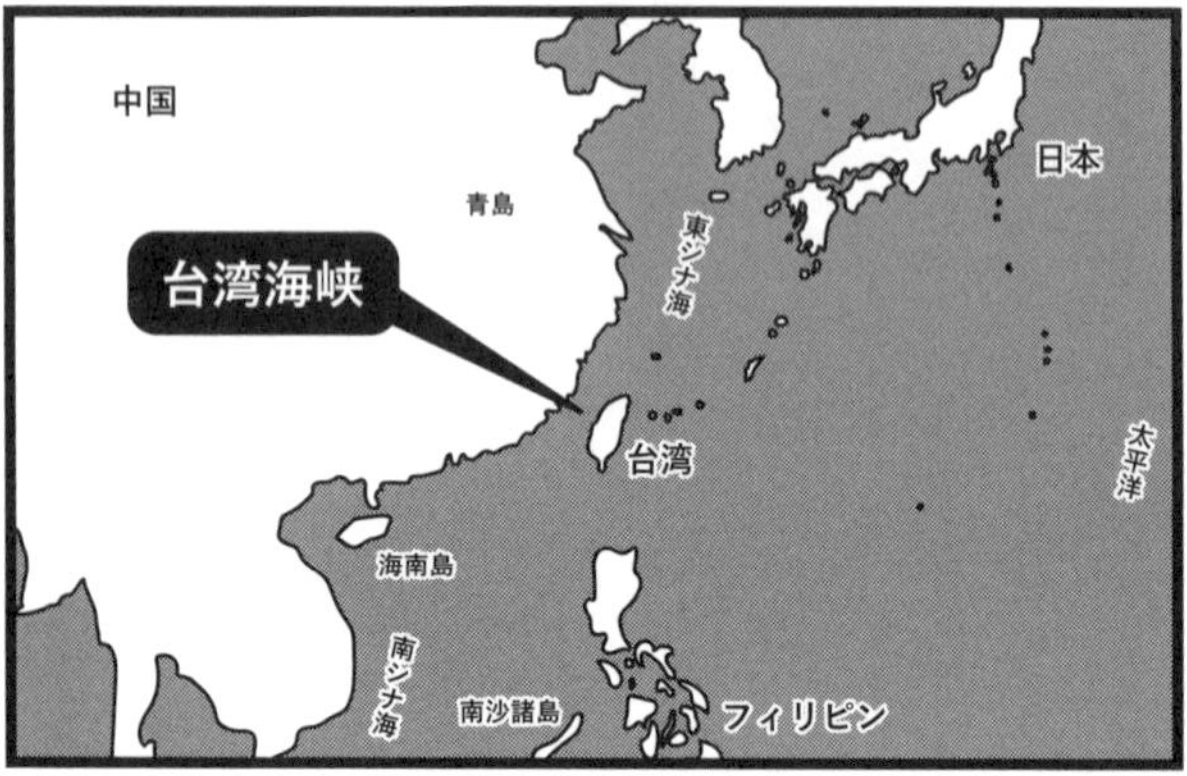

東南アジアの国々と日本の特に九州や瀬戸内海を行き来しようとすると、台湾海峡を通るのが最も短距離で済みます。短距離で済むということは燃料も節約することができますし、時間を節約できればその分任地への到着が早くなり、作戦行動や演習などの時間に充《あ》てることが可能です。その上、部隊の移動というだけならアメリカのような台湾海峡を通過することそのものが目的というオペレーションとは違います。

ところが、**実はこの台湾海峡に海上自衛隊の艦艇は入ったことがありません。**私が取材した限りですが、防衛省・自衛隊の背広・制服双方の人間や安全保障を専門とする議員など様々な方面にあたったところ、誰一人通過したことがあると証言した人はいませんでした。過去に何度も台湾海峡を通過する形での移動が現場から提案されたそうですが、現場レベルでは通っても首相官邸や霞が関の各省庁といった上のレベル、特に政治レベルになるとNOが出るのだそうです。それは中国に気を遣ってなのか何なのか、理由は判然としないそうですが、とにかく台湾海峡に自衛隊の護衛艦が入ることだけはNGなのだそうです。

いかに海図があるとはいえ、平時に入ったことのない海域に有事の際に入るのは、平時から入ったことのある海域と比べてリスクが高いのは言うまでもありません。センサーが発達し、GPSなど、かつてに比べれば使える機器類も飛躍的に向上しているとはいえ、それらが有事の際に果たして本当に100％機能するのか？　あの世界最強の米海軍でさえ、士官学校などで衛星やネットワークが機能不全に陥った時に備えて六分儀を使った天測によって自艦の位置を割り出す技術やモールス信号を再び教えだしたといいます。かつて来たことがある、この凪は、この潮の香りは普段と同じか違うか、そういったきわめてアナログな人間の記憶というものが有事の際はモノを言うかもしれません。

まして、他国の艦艇が入ったことのないところならともかく、同盟国・同志国の艦艇がすでに入ったことのある海域です。さらに言えば、日本船籍や日本関連船でも民間船は日々台湾海峡を行き来しているわけです。日の丸を艦尾に掲げている民間船は何の問題もないところで、自衛艦旗を掲げた海上自衛隊の護衛艦だけがダメだというなら、そのような主張をする国こそ国際的な嘲笑の的でしょう。

実情とかけ離れた岸田首相の演説

この原稿を書いている最中に、岸田首相の国賓待遇での訪米があり、上下両院合同会議での演説がありました。「こんな拍手喝采、日本の国会で受けたことがない！」というスタートで笑いを取ったこの岸田首相の演説は、随所にジョークを挟みながら見事なものであったと思います。

自身が幼少期を過ごしたニューヨーク・クイーンズでの話から当時見たアニメ、そして「自由」や「民主主義」、「法の支配」といった価値を大切にしてきたアメリカの在りし日の姿。そこから、現在〈一部の米国国民の心の内で、世界における自国のあるべき役割について、自己疑念を持たれている〉（日本語仮約・外務省HPより）というアメリカの有権者の本音の部分に迫りました。

その上で、中国やロシアといった権威主義国家の脅威と、それに直面するウクライナ、さらには東アジアと話を広げ、〈私は理想主義者であると同時に、現実主義者です。自由、民主主義、法の支配を守る。これは、日本の国益です〉（同ＨＰ）と、日本としても守るべき国益を定義しました。

そして、〈今この瞬間も、任務を遂行する自衛隊と米軍の隊員たちは、侵略を抑止し、平和を確かなものとするため、足並みをそろえて努力してくれています。私は隊員たちを賞賛し、感謝し、そして、隊員たちが両国から感謝されていることが、私たちの総意であると知っています〉（同ＨＰ）と、この国益を存在と行動で守る自衛隊と米軍を挙げて賞賛し、続いて、〈米国は独りではありません。日本は米国と共にあります〉（同ＨＰ）と、アメリカが担ってきた国際秩序の維持もともに背負おうという気概を見せました。未来に向けてのグローバル・パートナーシップ、新しい日米関係を高らかに宣言したのです。

緊張感が増す東アジア情勢を前に、内向きになりつつあるアメリカ国民に対してのメッセージとして日本が責任を果たす用意のあるところを見せるのは決して間違ってはいないと思います。演説中にもあった通り、防衛３文書を改定し、防衛予算を対ＧＤＰ比２％にまで引き上げることを公言し、防衛装備品の輸出に関しても一歩以上踏み出すという実績を持っての演説でしたから、説得力もありました。

ただし、**演説が見事だったからこそ、この演説内容と先に挙げた台湾海峡を護衛艦が一度も通ったことがないという事実の乖離が際立つのです。**そもそも、米軍と自衛隊を挙げて賞賛したことだって、なぜ、これを同盟国とはいえ外国の議会ではかくも堂々と言うことができて、日本の国権の最高機関たる国会の施政方針演説や所信表明演説では言うことがないのか？　現場の自衛官ならずとも疑問を感じるところでしょう。

演説の中では、〈今の私たちは、平和には「理解」以上のものが必要だということを知っています。「覚悟」が必要なのです〉（同HP）と語り、続けて〈必要なときには、より良い世界へのコミットメントを果たすために、尊い犠牲も払ってきました〉（同HP）と、これまでのアメリカのリーダーシップを表現しました。今後、これをともに背負う用意が日本にあるのか？　もっと端的に言ってしまえば、尊い犠牲を払ってきたアメリカとともに国際秩序維持を担うとなれば、我々の自衛隊員が血を流す「覚悟」があるのか？　日本国もアメリカと同じように社会全体として国際秩序維持、自由・民主主義・法の支配といった人類普遍の価値のために甘んじて犠牲を受け入れる「覚悟」があるのか？　ということです。

どうでしょう？　**国内の議論と比べ、演説が先走った感も否めません。**

たしかに、今まであっても現場の自衛隊員たちは制服・背広の別なく職務宣誓をしてその職に就いています。

〈私は、我が国の平和と独立を守る自衛隊の使命を自覚し、日本国憲法及び法令を遵守し、一致団結、厳正な規律を保持し、常に徳操を養い、人格を尊重し、心身を鍛え、技能を磨き、政治的活動に関与せず、強い責任感をもつて専心職務の遂行に当たり、事に臨んでは危険を顧みず、身をもつて責務の完遂に務め、もつて国民の負託にこたえることを誓います〉（自衛隊法施行規則第39条）

〈事に臨んでは危険を顧みず、身をもつて責務の完遂に務め〉るという「覚悟」を求めているわけですが、それに見合うだけの尊敬をもって我々は接しているでしょうか？　**安全保障の問題は自衛隊の問題で自分自身のことではないと思ってはいないでしょうか？**

台湾海峡を我々の海上自衛隊の護衛艦が通れないことは、その象徴のような気がしてなりません。海上保安庁の巡視船と中国漁船が衝突した2010年の事案で中国人船長を拘束した際、中国国内では反日デモが起こりました。日本から進出していた企業はデモの標的となって店舗や工場を破壊されたりもしました。これに震え上がった日本政府は拘束していた中国人船長を処分保留で釈放。日本社会は一部に批判はありましたが大きな世論のうねりにまではならず、船長はチャーター機で帰国。中国メディアはまるでヒーローのように扱いました。

ちょうど当時は中国のGDPが我が国を抜いて世界第2位になるかならないかという時期。中国との間では無用な軋轢は避けて経済的な利益を取った方がいいじゃないか。頭を下げて済むならそれでいいじゃないか。そんな空気が当時も日本国内にあり、今も続いています。

護衛艦を入れて無用な軋轢を生むぐらいなら、少し時間や燃料費がかかっても台湾島の東を迂回していけばいいじゃないか。現場が何度具申しても通らないところを見ると、そうした空気をひしひしと感じます。しかし、こうした宥和政策で中国の態度を変えさせられるのか？　台湾海峡の南方、南シナ海で中国と対峙するフィリピンの例を見ると、こうした考えがいかに甘いかを思い知らされます。

私が担当している朝のニュース番組「飯田浩司のOK! Cozy up!」にも度々出演していただいている日本経済新聞コメンテーターの秋田浩之氏が２０２４年3月22日付でこんな記事を出しています。

「対中国、効かない融和策　日米比が握る南シナ海の行方」

フィリピンはマルコス政権に代わってから親米路線を鮮明にし、それによって対中関係が悪化。このところはフィリピン沿岸警備隊と中国海警局の公船の間で放水や航行妨害、さらには物理的な船同士の衝突など緊張が高まっているように見えます。日本で報道されているイメージは、前任のドゥテルテ政権の親中姿勢からの転換が原因とされていますが、実際にマニラで取材をした秋田氏は記事中、〈実は、マルコス政権が生まれる前から、フィリピン近海の緊張は高まっていたのだ〉と、ドゥテルテ政権時代から同じような威嚇・挑発事案があったことを明かし、〈にもかかわらず、ドゥテルテ前政権はこれらの大半を伏せ、わずかな事例しか周知しなかった〉と、前政権の情報操作を当局者が認めていると報じました。結局、フィリピン・マルコス政権は宥和政策が中国の意思決定に何ら影響力を持たなかったことを悟り、ならばアメリカの抑止力に頼らざるを得ないと観念したわけですね。

日本も、尖閣での漁船衝突事案などののち、政権交代して安倍政権が対米重視の姿勢を示すと中国は対話を拒絶。日本側も宥和してまでの関係を求めず「対話のドアは常にオープンだ」と言いながら、特定秘密保護法の制定や限定的な集団的自衛権行使を可能にする法解釈変更を行うなど抑止力の強化に向けて動いたところ、ようやく中国は対話に応じるようになりました。

安倍・菅・岸田の三政権は、こと外交については継続して「自由で開かれたインド太平洋」を維持し、自由・民主主義・法の支配という基本的な価値を国益とすることで一貫しています。

私はこれは正しいと思います。そして、これを守り、発展させていくための法整備や日本社会内での理解を深めることが政府にも、政治にも求められるのではないでしょうか？

また、**理解のために偏りのない情報を伝達することこそが、メディアに求められる役割なのではないでしょうか？**

先に挙げた首相訪米において日米首脳会談後の記者会見で日本側の記者からこんな質問が出ました。

「今回の会談では中国による一方的な威圧や現状変更に強い反対を確認し、対処力強化も打ち出しました。現状では日米が防衛力を強化すれば、中国も軍拡に走り、威圧的な行動に走るジレンマに陥る状況です。分断を深めないためには、日米、中国それぞれどういった対応が必要だとお考えでしょうか？」

日米が抑止力を高めると、軍拡競争に拍車がかかるから日本はおとなしくしていなくてはならない。冷戦時代からある、軍事力ではなく外交力で解決すべきだ、話し合いによって分かり合えるという主張です。

これに対し、バイデン米大統領は「我々の同盟は純粋に防衛のための同盟である。今日議論したのも、純粋に防衛に関して日米の協力をどう改善させていくかについてだ。どこかの国や地域をターゲットにして脅したり、紛争を起こそうとしたりするものではない。むしろ、地域の安定を保つためのものだ」と断じました。こちらがどんなに平和を志向していても、相手がそうだとは限らない。むしろ、力によってでも現状変更をしようとしているのかもしれない。実際に南シナ海での中国の行動は、力による現状変更を限りなく志向しているように見えます。そうした相手に対して宥和は意味をなさないことは先のフィリピンの例を見るまでもなく歴史が証明している事実です。**一部のメディアだけが、中国の意図に目をつぶり、自分たちが理解したい世界を描き出そうとしてはいないでしょうか？**

台湾総統選から見えてきた台湾政界の不安定さ、そしてそれに乗じた情報工作や非軍事的圧力によって戦わずして台湾を取ろうとする中国。これに日米などが対峙するためには、航行の自由、法の支配といった普遍的な価値を旗印に、その抑止力をしっかりと示すオペレーションが大事になってきます。

そのためには、アメリカのみに頼ることなく我々も「覚悟」を示さなければならない。「覚悟」の一つの象徴が台湾海峡への護衛艦の進入で、それを後押しする日本国内の世論の存在が必要です。そして、世論を喚起するための議論の必要性と、その議論の土台となる客観的な情報の重要性が際立ってくると、すべてが一つに繋がっています。**危機を煽って数字を稼ぐでもなく、かといって過度に楽観視するでもなく、現実をどう見るべきかその例を示し、進むべき道がどれなのかを考える際の補助線を引く。メディアの役割はそこまでなのだろうと思います。**

台湾には台湾の民意があり、総統と立法院の不安定な関係からどのような落としどころを作って意思決定をしていくのか？　このあたりは5月20日の頼清徳新総統の就任後を見なくてはいけません。日本や世界が参考にするような合意形成の知恵を見せてくれるかもしれません。番組でも引き続き、注目していきたいと思います。

第8章

偽の「正しさ」が分断を生む

野党はいつから政権批判一辺倒になったのか

私が大学を卒業し、社会に出たのが2004年。ラジオ局・ニッポン放送に入社し、バラエティー番組の中継レポーターなどをしながら、選挙の度に記者として選挙区に派遣されて取材をしてきました。人が少なく、各々一人何役もこなすのが当たり前という放送局でしたから、普段ニュースに触れていなくても俄《にわ》か勉強でレポートしなくてはいけなかったのです。

入社当時は小泉純一郎政権で参議院選挙、入社翌年の2005年に郵政民営化関連法が参議院で否決され、小泉首相が衆議院を解散、郵政選挙がありました。郵政民営化に反対した自民党議員の選挙区には「刺客」候補が擁立され、私も「野田聖子VS佐藤ゆかり」という岐阜1区に入ってレポートしました。地元を2つに割るような激しい選挙戦を目のあたりにし、野田氏の当選確実が出たのは深夜、日付が変わるか変わらないかという時間だったのを覚えています。

郵政選挙は小泉政権の圧勝に終わり、世論の圧倒的支持を背景に長期政権を築いた小泉純一郎内閣。その後は、1年ごとに総理大臣が変わりました。きっかけとなったのが、2007年の参議院選挙。ここで現職の自民党参院幹事長だった片山虎之助氏が落選するなど大幅に議席を減らし、参議院では第1党の座を民主党に奪われました。この選挙では片山幹事長が投票日当日まで地元に張りついて戦うということで、私は片山氏の選挙区である岡山に飛びました。与党自民党の参院幹事長という権力の座にあった人が一夜にして「ただの人」になってしまう瞬間の呆然とした表情、そして一夜にして「時の人」となった民主党候補・姫井由美子氏の恍惚とした表情が印象に残っています。

衆議院と参議院で多数党が異なるという衆参ねじれの中で、予算や国会同意人事を人質にして責め立てる野党に与党は苦しみ、結果として安倍第一次、福田、麻生の各政権は長く続かなかったのでした。予算そのものは衆議院の優越により参議院で与党少数により否決され両院協議会を開いても意見が一致しないときは衆議院の議決が国会の議決となります。また、衆議院の議決後30日経てば自然成立するのですが、予算には関連法として特例公債法がついています。これを成立させ、いわゆる赤字国債を発行しないことには財源不足で予算の執行ができなくなってしまいます。特例公債法は法律案ですから、衆参で議決が異なる場合、衆議院で3分の2の賛成を以て再議決すれば成立しますが、これは衆議院で圧倒的な多数がない限り難しい。日銀総裁などの国会同意人事も同じで、当時の野党民主党はこうした国会のテクニックを駆使して各政権を責め立てました。

激しい党派対立、お互いの足の引っ張り合いで決められない政治に陥ってしまった時に、社会全体が停滞してしまうのをまざまざと見せつけられたのが、小泉政権後、民主党への政権交代までの3年間でした。

2009年、自民党政権からの政権交代を果たした民主党代表、鳩山由紀夫氏　写真：共同

そして、2009年の政権交代後も、鳩山・菅・野田各政権はそれぞれ1年ほどで首相が交代しています。特に、2010年の参院選で野党自民党が参院での多数派を取り戻してからは、野党時代の民主党と同じように予算関連法や同意人事を人質にして政権を攻撃。政策の停滞を生みました。自民党も旧民主党も、衆参ねじれの恨みを記憶に抱え、今に至るも妥協することが難しくなっているように見えます。

ただ、2009年の政権交代前や2012年の政権再交代前後の空気を思い出すと、あの当時にはまだ希望がありました。

公務員制度改革法案の与野党修正協議、国会における建設的な質疑。記憶は美化されるものかもしれませんが、**双方国益を考えて歩み寄る気風が存在したように思います。**そして、それこそが2009年の政権交代への期待の、少なくとも一部を形成していたのではないでしょうか。

　無論、虚実入り交じるスキャンダル報道によって当時の与党自民党の信頼感が徹底的に毀損《きそん》され、懲罰的に政権交代を望む声が大きかったのは言うまでもありません……。ただ、一部かもしれませんが、自分たちの主張だけが正義であるかのように声高に叫ぶ従来の野党とは一線を画する政策提言型の野党が出てきた。**二大政党制のもと、熟議の国会というものがこの日本でも成立するのかもしれない。ならば、一度民主党に政権を委ねてみよう。当時を思い出すと、そうした気運がまったくなかったわけではないと思うのです。**

　そうして、2009年の衆議院選挙では当時の民主党が大勝。政権与党だった自民党は麻生総裁のもと大敗し、政権交代が起こりました。しかし、選挙の結果成立した民主党政権は残念ながら上手くいきませんでした。

　ほとんどのメンバーが政権を動かすというものを知らない中での3年3カ月。そのスタートとなった鳩山政権で政務の官房副長官を務めた松井孝治現京都市長とは慶應義塾大学教授時代に番組コメンテーターとしてご一緒することが多かったのですが、「様々な面で拙《つたな》かった」と当時を回想していました。後年、安倍元総理はこの3年3カ月を指して「悪夢の民主党政権」とまで言いましたが、これは自身の政権に求心力をもたらそうとした政治的なレトリックの部分もあったでしょう。

しかしながら、当時の民主党政権の政策には、統治機構改革や内閣提出法案の与党事前審査をあまりに堅くすることで国会での妥協の余地をなくし、結果的に国会審議が形骸化してしまう問題に、政府与党一元化で対応しようとするなど、実験的ではあっても野心的な取り組みも多かったはずです。

また、中身については賛否がありますが、2012年の税と社会保障の一体改革を巡る当時の民主・自民・公明の三党合意は、国会における与野党の合意形成の一つの在り方でしょう。もちろん、当時は衆参ねじれの中で野田政権の支持率が低下。民主党内からも批判の多いこの社会保障改革を成立させるには、むしろ政権再交代前の自民・公明両党にすがるより他ないという事情もありました。自・公側も、不人気な消費税増税を伴うような「汚れ仕事」は自分たちではしたくない。沈みゆく民主党政権主導でやってもらえれば渡りに船という面も否めなかったでしょう。それでも、与野党がひたすらに対立するのではなく、**お互いのメンツや実利などの妥協点を探りながら落としどころを作って実際の政**

策・法案にまとめていく。たった10年ちょっと前には、今の与党と野党第一党の関係とは別の、政策を巡る前向きな関係性がたしかに存在したのです。

ただ、政権交代前夜のスキャンダル報道や、政策そのものよりも政局報道に明け暮れたことの問題は、それにより有権者へ政権交代そのものへの国民の忌避意識を植えつけてしまったことだろうと思います。

揚げ足取り、批判では建設的な議論にならない

今の野党、特に第一党の立憲民主党などは一部を除いて政権担当の記憶などないかの如く、なりふり構わぬ政権批判を繰り返しています。

あえて「一部」と書いたのは、こうしてなりふり構わぬ政権批判と書くと必ず、「我々は多くの法案に賛成しているのだから建設的に議論している」「各委員会で建設的な質問もしているし、場合によっては修正協議だってしている」と言われ、応じない与党こそが悪いのだ！　となるからです。

ただ、目立たないところでは建設的でもテレビ生中継が入るような予算委員会や本会議ではずいぶんと攻撃的な言動が目立ちます。そして、そうした言動をＳＮＳ上でプレーア

ップする議員もずいぶんと目立ちます。番組で野党幹部にインタビューする機会もありますが、**一対一でじっくり時間を取ってお話を伺うと建設的な政策の話が出てくるものの、公開の記者会見や国会質問となると揚げ足取りのような批判が表に出てきます。**「とにかく批判をしなくてはならない」「我々の理想を勝ち取らなくてはならない」「妥協すること＝負けたこと」、「我々の理想を勝ち取らなくてはいけない」といった主張は運動論としてはアリですが、政治の世界は様々な利害関係者の妥協点を探ることなしには成立しないでしょう。一部支持者の大きな声ばかりを気にして一足飛びに理想に到達できなければすべてを投げ出すような態度は残念です。

一方で、与党の側にも「数を恃《たの》んで妥協せずに原案通りに可決させようとしている！」という批判が常にありますし、安全保障にかかわるようなお互い引くに引けない対決型の法案では結果的に強引な採決になる場合もあります。また、国会における与野党間の交渉の最前線となる国対（国会対策委員会）が上手く機能しない場合に強引な採決や野党欠席のまま審議時間を消費する通称「カラ回し」が起こることもあります。

ただ、日の目を見ずとも**与野党間で妥協点を見出すべく努力をした例がないわけではありません。**2023年の通常国会で審議された入管難民法の改正では、立憲民主党など野党4党が与党とともに修正協議を行いました。この法案は、難民申請中は強制送還が停止される規定について、申請を繰り返すことで送還を逃れようとするケースがあるとして、3回目の申請以降は「相当の理由」を示さなければ適用しないことや、退去するまでの間、施設に収容するとしていた原則を改め、入管が認めた「監理人」と呼ばれる支援者らのもとで生活できることなどが盛り込まれていました。

また、収容の長期化を可能な限り避けるため、収容を続けるべきか3カ月ごとに検討する制度が新たに設けられた他、難民の認定基準を満たさないケースでも、紛争から逃れてきた人などを難民に準じて保護の対象とする新たな制度の創設などが盛り込まれました。準難民制度などは支援者たちも求めてきた、日本は難民認定が厳し過ぎるという批判に応えてのものでしたが、一方で難民申請の3回ルールなどは保護されるべき人まで強制送還されてしまうのではないかという批判・疑念がつきまといました。

そこで、修正協議で立憲民主党は難民認定を判断する「第三者機関」の設置検討を求め、与党もそれに応じて本則ではありませんが付則に記すなどの修正案を提示しました。本則ではなくとも、付則に文言が盛り込まれれば、付則に書かれている検討はどうしたのか？　と繰り返し質問することができ、のちの政治情勢によっては与野党間の取引カードとして第三者機関設置が実現するかもしれません。しかしながら、自党の仲間が修正協議で汗をかいたにもかかわらず、立憲民主党内の一部からは「不十分だ」「これでは支援団体に顔向けできない」といった原理・原則論が横行。結局、自ら修正案を蹴ることになり、結果として第三者機関については幻に終わり、ほぼ原案通りに改正法が成立しました。

支援団体に顔向けできないと言いますが、修正案は当事者の難民政策の専門家でもある野党推薦の参考人も「すごい前進」と評価した内容でした。ところが、一部の声の大きな支持者や支援団体の側に立民執行部は向いていて、現在困っている人の条件を少しでも良くするよりもメンツや自己保身に走ったと言われても仕方のない意思決定をしてしまいました。自分が汚れ役になってでも仲間が必死になってこしらえてきた修正案で党内をまとめようという気概を持った人間は、残念ながら当時の立憲民主党執行部には存在しなかったのです。

政府・与党の側は野党がそうした理想論に走って結果としてすべてをご破算にした意思決定をほくそ笑んで見ていたはずです。決して表に出すようなことはしませんが。

だってそうでしょう。自分たちにとって、結果として妥協ゼロで自分たちの思うままの法案を通すことができたわけですから。それも、説得して説得してそこに至ったわけではなく、自分たちは高みの見物を決め込んで、相手方の内紛を見ているだけで良かったわけです。これから先も、立憲民主党内で意見が割れるような法律は一方の側を焚きつけて「妥協など認められない！」「廃案だ！」と騒がせれば、結果として政府提出法案を無傷で通させることができるわけです。

せっかく、野党からも建設的な妥協案が出てきて、時の与党も支持率低迷の折妥協案を呑むところまで来ました。政権与党を担当したからこそ対立構造の中で合意形成する難しさと尊さを覚えたはずなのに、大臣や幹部クラスで当時を良く知る人たちも多い執行部がどうして土壇場でそれを否定してしまうのか。

ゼロか100か、100%自分たちの主張に沿うものでなければ、ゼロで構わないという一切の妥協を許さない姿勢では、実社会を動かすことはできません。机上の理想論では、現場で困っている人を救うことはできないのです。

「正義らしきこと」で強制する社会

コロナ禍でも、机上の理想論にこだわった結果、現場で困窮する人たちに救いの手を差し伸べることができなかったことを忘れてはいけないと思います。

新型コロナの緊急事態宣言が出た際、休業の「要請」と名がついていたものの実際は「強制」に限りなく近かったのが接客を伴う飲食業。

法律に基づいて基準が作られ、それによって休業するかどうかを判定したのではなく、夜に営業する飲食業はほぼ十把《じっぱ》一絡《ひとから》げに「休業」すべしとなったがために、その世間の空気による規制は独り歩きを始め、果ては飲酒する人そのものもケシカランという風潮まで出てきました。

コロナ禍以前は、法律案が少しでも言論の自由などに抵触するおそれがあるものに対して苛烈なまでに反対していた「リベラル」なメディアが、この接客飲食業の営業の自由の侵害に対しては沈黙を決め込むことに、私は驚きを通り越して呆れ果ててしまいました。

たとえば、特定秘密保護法の審議の時は、「居酒屋で仕事の話をしているだけで逮捕されるかもしれない、内心の自由の侵害である」といい、集団的自衛権の一部容認を含む安全保障法制の議論の時には「これは戦争放棄を謳った憲法9条を骨抜きにするものであり、事実上の解釈改憲である！　立憲主義の立場から、これを許すわけにはいかない！」と声を大にして気炎を揚げていらっしゃいました。

それならば、立憲主義の立場から飲食店の営業の自由も守るべきだと言わなくては筋が通らないでしょう。にもかかわらず、「感染拡大防止のためにはもっと厳しい規制をかけるべきだ！　政府の対応は経済を重視し過ぎで甘過ぎだ」と、ここぞとばかりに政権批判を並べ立てました。

何度も言いますが、私は批判することそのものに反対ではありません。批判し、政策を吟味することは重要だと思っています。しかし、**筋の通った批判をせずに自分の支持者に受ける批判はして、受けないものはダンマリを決め込むのは不誠実でしょう。**

新型コロナはワクチンが行き渡るまでの間、基礎疾患を持つ人や高齢者は特に注意を要する病気であるとされました。

アクティブな支持者に高齢層が多い「リベラル」な新聞や政党にとって、立憲主義の名の下に感染症対策をした飲食業を守っても、主要な支持層である高齢層はそもそも感染防止のため外出そのものを自粛していたので、飲食店の営業の自由を守れという主張は受け入れられるどころか総スカンを食ってしまいます。

それよりも、厳格に、2020年春の最初の緊急事態宣言下のような、人っ子一人歩いていない無人の街を作り出すぐらいの強力な休業要請を主張した方が支持層からの受けが良かったのです。

その一方で、飲食・サービス業は多くの雇用を生み出す一大産業でもあります。感染対策を何もせず、野放図に営業を続けることは当時許される雰囲気ではありませんでしたが、しっかりと対策を行った店であっても営業しているだけで、看板に明かりが灯っているだけで目くじらを立てられたあの時期は、どう考えても異常でした。

コロナ禍で以前の賑わいが嘘のように人の姿が消えた有楽町駅周辺

　そんな空気の下で職を失い、生業を失った人が数多くいたことを我々は忘れてはいけません。

　そもそも基準を作らず、法律も作らず、空気によって行動変容を求めたことそのものが問題だったわけですが、**そうした空気が支配する世の中を何よりも嫌っていたのは他ならぬ「リベラル」、かつての進歩派と呼ばれた人々ではなかったのではないでしょうか？**

　あの、飲酒すら忌避する世の中の空気こそ、形を変えた「軍靴《ぐんか》の響きが聞こえる」と批判して然るべき物ではなかったのではないでしょうか？

厳しい行動変容という一方の理想を求めるのであれば、それを強制するような強権的な法律の制定を求めるのが筋というものですが、そんなものは従来から主張してきた「立憲主義」をかなぐり捨てるものですから主張するわけにはいかない。

であれば、**自分たちの支持者にとって不都合であっても「立憲主義」の名の下に身体を張って自由に営業するその権利を守ってこそ「リベラル＝自由主義者」であるはずです。**

感染を徹底的に防ぐ行動規制なのか、営業の自由を守るべきなのか。一方の理想に立って他方の権利が失われるのを甘んじて受け入れるのか、それともなんとかして両立する妥協点を探るのか。あちらを立てればこちらが立たずという厳しい局面こそ妥協点を探る政治の出番のはずでしたが、残念ながら妥協を探るよりも安易な方向、厳しい行動変容に舵を切りがちでした。コロナ禍が終息しても、その記憶は残っているように思います。すなわち、**誰もが反対しづらい正義らしきことを言って他人の行動変容を強いるということが増えているように思える**のです。

疑問を抱いても言えない空気を作っているのは誰か

「白河の清き流れに不魚住《うおすまず》濁る田沼の水ぞ恋しき」

江戸時代の有名な狂歌ですが、まさにこれを地でいくようなニュースが先日ありました。

2024年2月19日、厚生労働省が国として初めて「健康に配慮した飲酒に関するガイドライン」を発表しました。具体的な数値では「1日あたりの純アルコール摂取量が男性40g以上、女性20g以上」で生活習慣病のリスクを高めるとされています。純アルコール量20gは、ビールなら500㎖、日本酒なら1合弱に相当します。ビールロング缶1本、または中ジョッキ1杯ということです。お酒との付き合い方は人によりそれぞれですし、飲めない人からすれば何言ってんだこいつという話なのかもしれませんが……、男性の場合で生2杯、あるいは日本酒2合弱、女性の場合でも生1杯、あるいは日本酒1合でリミットとは非常に厳しいと感じます。

ただ、そもそもこうした数字というものは国民健康作り運動「健康日本21」などでも取り上げられていて、特段目新しいものではありません。ただ、ガイドラインとなることで政策との関係性を帯びてきます。法的な拘束力があるものではありませんが、行政における「判断基準」を示すものとなります。上記の基準を超える飲酒はたとえ節度のある静かな飲み方であっても「過度の飲酒」とみなされ、好ましからざるものであるというイメージがついてもおかしくありません。

もちろん、このガイドラインにはご丁寧に「なお、これらの量は個々人の許容量を示したものではありません」という旨の記述があるわけですが、やたらと「個人差がある」という記述が多いものの、全体的には「飲酒＝悪」というイメージを根付かせようとするがごとく、否定的な記述やリスクを強調する記述が多くなっています。

私が懸念するのは、こうした「健康増進」という大義名分のもとにお酒を嗜むことそのものまでを規制する社会の出現です。同じように「健康増進」の名のもとに、すでに「喫煙」という文化は大きく規制され、変容しています。もちろん、タバコの場合は「受動喫煙」という周囲にいる人へのリスクの点で飲酒とは大きく違いますから、同じように論じることはできませんが、かつてのようにどこでも吸えるという市民権はすでになくなって久しいものがあります。だからこそ、「不適切にもほどがある」というドラマの中で、バスの車内での喫煙がことさらにネタになったわけですからね。

喫煙の場合は受動喫煙も含めてそのリスクが大きく喧伝され、社会の中での居場所をなくしていきました。今、ことさらにリスクが喧伝される飲酒についても同じような道をたどらないと誰が断言できるでしょうか？

この章の一番初めにも書きましたが、新型コロナが流行していて医療がひっ迫していた折には飲酒そのものが罪悪視され、半ば「禁酒法」の社会が到来しました。当時は都道府県によって対応が異なり、対策をきちんと施した施設には都道府県がお墨つきを与えた上で営業できる地域もありました。また、感染流行の度合いが都道府県・市区町村によって異なったため、駅の南口では飲めても北口では飲めないなどというナンセンスな線引きも平然と行われていました。結局、数字のエビデンス以上に「飲酒＝感染拡大助長＝悪」という空気が社会を覆い、疑問を抱いても口に出せない窮屈な社会を生み出してしまったのです。

この、「飲酒＝感染拡大助長＝悪」という図式の「感染拡大助長」の部分を「健康へのリスク」と置き換え、さらに「不健康な人＝医療費が余分にかかる＝社会保障費増大の原因」というイメージを植えつけられれば、お酒を飲むことがひいては社会保障費の増大に繋がり、国の財政を圧迫するのだ！　となるかもしれません。というか、是が非でも財政を健全化したい財政当局や今の社会保障制度をなんとか維持したい健康保険当局からすれば、そうした社会の空気が出来上がった方が好都合なのは間違いありません。令和6年度の予算を見ても、社会保障関連費が一般会計歳出の3分の1を占めています。これを少しでも減らしたいと思えば、病気になる人、大病をして多額の医療費を必要とする人を減らすことが必要で、そのためにはどんなことをすると大病のリスクがあるのかを社会に知らしめる必要があります。先ほど挙げた飲酒に関するガイドラインでは、大腸がんのリスクが一日あたり純アルコール量20g（＝生中ジョッキ1杯、日本酒1合弱）を続けることで生じるとされていますが、近年この大腸ガンの人口10万人あたりの死亡率が上昇して、死亡率第2位になっています。飲酒を減らせばこの数字も減るのではないか？

政策担当者ならばそう考えても不思議ではないですが、そんな風にどんどん窮屈な世の中になることが果たして良いことなのでしょうか？　まさに、「白河の清き流れに不魚住」ではないでしょうか？

飲酒を含めた日本の多様な食文化は海外から大いに評価されています。それらは今でこそ「インバウンド」という名前で海外からの評価やそれを見てやってくる海外からの観光客に支えられているように見えますが、本当は長年かけて日本人が支え、育て、開花させてきたものであるはずです。

「インバウンド」という言葉が持て囃《はや》される旅行業そのものだって、海外からの観光客で持っているように見えますが、実際のところインバウンド関連は2割弱。8割は日本国内の観光客の需要なのです。だからこそ、日本人が動かなくなったコロナ禍の時に存亡の機に立たされたわけです。

「健康増進」という一つのモノサシだけでお酒を飲むことを過度に締めつけてしまうと、それはそれで大きな財産を失うことになるのではないでしょうか？　何事もバランスが大事で、その価値観のバランスは個々人に委ねられるはずなのに、**誰もが反対できない大義名分を背負った時に万能感を持って他人を責め立てる向きがあるのは残念なことです。**そして、万能感を持って他人を責め立てるようになると妥協することが難しくなります。むしろ、妥協するということは自分たちの理想から遠ざかる行為ですから、許しがたい行為となってしまいます。

しかし、現実社会は様々なしがらみの中にあります。ある部分では利害関係が対立する人たちが、別のところでは平然と協力して仕事をしているなんてことは日常茶飯事です。細かな妥協を繰り返しながら、摩擦を少しでも軽減し、円滑に回るように気を遣う。社会人であれば当たり前のようにやっている行為のはずです。それが、なぜ政治的立場や、「健康増進」といった他人の反対できない「キレイな」テーマをバックに背負うと、とたんに原理主義的になって妥協を許さなくなってしまうのか？　それだけ、世の中に余裕が失われているということなのでしょうか？

新型コロナ対策という有事の策として採用された制限。密を避けること、黙って食事をすること、極力人と人との接触を少なくすること、いざとなっては感染経路を把握するために行動履歴まで白日の下に晒されかねないこと、特定の地域から来た人間を忌避することなどなど、社会の空気として大きな目的のために個人の自由が制限されても構わないという、権威主義国家のような社会を我々は大した疑問もなく受け入れました。それはまさに有事であったから仕方のないものだとは思います。ただ、すでに新型コロナは感染症法上の分類も5類に変更になり、以前と同じ平時が戻ってきているはずです。街には賑わいが戻り、制限なく人が集まれるようになり、会合も以前のようにできるようになりました。ただ、あの時「感染防止」の名の下に社会の空気、規範に反しないようにビクビクしながら暮らした記憶、一歩間違えば自分も吊るし上げられていたかもしれないというおそれは人々の心理に深く刻まれてしまったような気がしてなりません。

一方で、「感染防止」の名の下に他者を糾弾した人たちは、それがネット上の匿名であってもその刃の切れ味を忘れないでしょう。おそらく、万能感があったのだと思います。当時、「感染防止」といえば誰も反論できませんでしたから。それが、自分たちの主張こそが正義であると思った時に首をもたげ、妥協を許さず突っ走る、相手の主張に耳を傾けるのではなく糾弾する傾向に繋がったのではないでしょうか。

戻ってきた平時に、我々は再び寛容の心を取り戻すことができるのでしょうか？　**意見の対立する相手だからこそ相手の話を聞き、妥協点を探るという営みを取り戻さなければ、分断と対立の応酬によって社会が瓦解しかねないと思います。**

おわりに

「我以外皆我師也」

それほど機会が多いわけではないのですが、たまにサインを求められると署名のような自身の名前に添えて、それより大きく書くのがこの言葉です。作家・吉川英治の座右の銘とされています。読んで字の如く、「自分以外の人、モノすべてが自分の足らざるを教えてくれる、そんな謙虚な心持ちで生活をすることで人はより磨かれていく」という教えです。

本書でも書きましたが、ラジオ局ニッポン放送に入社して20年、たくさんの人に話を聞かせてもらいました。

今のようなニュース番組の前はずっと中継レポーターでしたから、現場に来てくれるリスナーさんと仕事の話、天気の話、地元の話、時には身の上相談まで聞かせてもらいました。

ニュース番組のキャスターをやるようになっても、相手は変われどやることは一緒。色々な立場の人の話を聞いて追体験して、何が問題なのかを掘り下げていきました。

世の中は口で言うほど単純ではなくて、「わかりやすい」ニュースなんてものは存在せず、わかった気になって現場に行って現実とのギャップに打ちのめされてばかり。

でも、そうした現場で汗を流している人たちの生の声を聴けば問題が浮き彫りになり、そこにコメンテーターの意見を交えてラジオで現場の声を紹介すると全く別の分野のリスナーから新たな知見が寄せられます。

「へぇ〜、そうなんだ〜」と私はただただ感心しているだけなのですが、期せずして多角的な論点を提示することになっていました。これぞ放送の醍醐味であり、放送本来の役割なのでしょう。「わかりやすさ」に捉われて感情を刺激するような表現にしたり、二元論で敵味方に塗り分けて紹介したりしていたら、こうはなっていなかっただろうと思います。

事程左様に、地上波ラジオ放送のみならず、Podcast・YouTube・radikoで聴いてくださるリスナーの皆さん、番組スタッフ、ニッポン放送や関連会社、協力会社、フリーランスの仲間たち、他社・他局の記者仲間、私に色々なことを教えてくれた各界の皆様。

私を生み育ててくれた両親やその両親を生んだ祖父・祖母。あなた方が満洲やビルマ、本土空襲から生き残っていなければ私の存在はありませんでした。

そして、自身も仕事をしながら支えてくれた妻と、寂しさを我慢しながら私の取材・執筆時間を許してくれた息子、愛犬……、全ての我が師に感謝を申し上げて筆を擱《お》こうと思います。本当に、ありがとうございました。

ではまた、平日朝6時、「飯田浩司のOK! Cozy up!」でお会いしましょう！

飯田浩司

2024年8月吉日

著者略歴

飯田浩司（いいだ・こうじ）

ニッポン放送アナウンサー。1981（昭和56）年神奈川県出身。横浜国立大学経営学部卒業後、ニッポン放送に入社。「ザ・ボイス そこまで言うか！」アンカーマンを経て、2018年からニュース番組「飯田浩司のOK! Cozy up!」（月～金曜・午前6時～）のキャスター。著書に『「反権力」は正義ですか』（新潮新書）がある。

SB新書　670

「わかりやすさ」を疑《うたが》え

2024年10月15日　初版第1刷発行

著　　者　飯《いい》田《だ》浩《こう》司《じ》
発 行 者　出井貴完
発 行 所　SBクリエイティブ株式会社
〒105-0001　東京都港区虎ノ門2-2-1
装　　幀　杉山健太郎
D　T　P　株式会社RUHIA
編　　集　小倉 碧
印刷・製本　中央精版印刷株式会社

本書をお読みになったご意見・ご感想を下記URL、
または左記QRコードよりお寄せください。
https://isbn2.sbcr.jp/21735/

落丁本、乱丁本は小社営業部にてお取り替えいたします。定価はカバーに記載されております。
本書の内容に関するご質問等は、小社学芸書籍編集部まで必ず書面にて
ご連絡いただきますようお願いいたします。

ISBN 978-4-8156-2173-5